Der Autor
Wolfgang Döbereiner ist mit der »Münchner Rhythmenlehre« der Begründer der modernen Astrologie und wurde einer breiten Öffentlichkeit durch seine Vorträge und Schultätigkeit bekannt. Seine zahlreichen Veröffentlichungen umfassen unter anderem die sechsbändigen »Lehr- und Übungsbücher« sowie die »Astrologisch-homöopathischen Erfahrungsbilder«, die Seminarbände »Weg der Aphrodite«, »Kollektive des Ungeschehenen« oder »Die belegte Gegenwart« sowie den Bildband der »Astrologisch-definierbaren Verhaltensweisen in der Malerei« und die »Astrologisch-geographischen Karten«.

Die dem Tierkreis zugrunde liegende Einteilung sowie die darin zutage tretende Verfahrensweise geht auf Wolfgang Döbereiner zurück und ist somit nicht astrologisches Allgemeingut und unterliegt dem Copyright.

Wolfgang Döbereiner

Heyne Tierkreisbücher
Wassermann

20. Januar bis 18. Februar

Originalausgabe

WILHELM HEYNE VERLAG
MÜNCHEN

HEYNE
Astrologie
14/336

Umwelthinweis:
Dieses Buch wurde auf
chlor- und säurefreiem Papier gedruckt.

2. Auflage

Copyright © 1974 by Wilhelm Heyne Verlag GmbH & Co. KG, München
Copyright © der überarbeiteten Ausgabe 1999
by Wilhelm Heyne Verlag GmbH & Co. KG, München
http://www.heyne.de
Printed in Germany 2001
Umschlaggestaltung: Atelier Bachmann & Seidel, Reischach
Umschlagabbildung: Christine Wilhelm, München
Satz: Pospischil, Stadtbergen
Druck und Bindung: Ebner Ulm

ISBN 3-453-15066-x

Inhaltsverzeichnis

Vorwort 9
Einführung in das Tierkreiszeichen Wassermann 15
Das Wassermann-Bild 21
Baumformen und Büsche des Wassermanns 22
Die freie Assoziation des Wassermanns 23
Wassermann-Analogie 25
Wassermann-Prinzip 26
Auf der Schwelle 27
Zirkus Welt 33
Der unbefangene Spieltrieb 37
Das Leitbild der Stärke 41
Der Wassermann und der Beruf 43
Der Wassermann und die Liebe 47
   Der Wassermann-Mann 47
   Die Wassermann-Frau 49
Anekdoten über berühmte Wassermänner 53
Der Wassermann und die anderen 57
   Wassermann und Widder 58
   Wassermann und Stier 59
   Wassermann und Zwillinge 60
   Wassermann und Krebs 62
   Wassermann und Löwe 63
   Wassermann und Jungfrau 65
   Wassermann und Waage 67
   Wassermann und Skorpion 70
   Wassermann und Schütze 70
   Wassermann und Steinbock 71
   Wassermann und Wassermann 73
   Wassermann und Fische 74
Der Wassermann in den zwölf Häusern 75
Wie errechne ich mein Aszendentenzeichen? 120

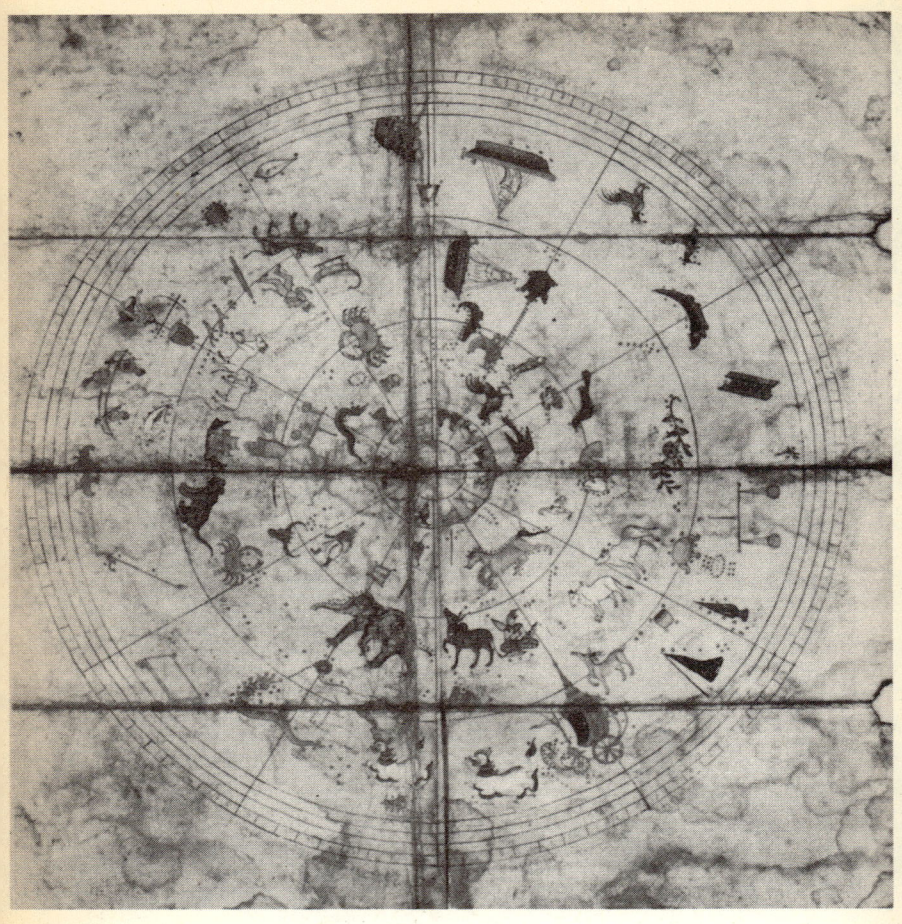

Altburmesische Tierkreisdarstellung

◀ *Weltkarte mit Himmelskräften, westliche und östliche Hälfte im Detail, Holzschnitt von Albrecht Dürer*

Vorwort

Der Unterhaltungswert der Astrologie ist unbestritten. Damit sich der Umgang mit Astrologie jedoch nicht nur auf Unterhaltung beschränkt, wird hier gleichzeitig versucht, einen tieferen Einblick in die Astrologie zu vermitteln und Hinweise auf typische Verhaltensweisen zu geben. Man kann sich selbst auf diese Weise besser verstehen und die Eigenarten der Mitmenschen begreifen lernen. Das ist nicht nur eine wichtige Voraussetzung für echte Toleranz, sondern aktiviert auch die allgemeine Persönlichkeitsbildung.

Die Grundlage für die Methodik und Aussage des vorliegenden Buches bildet die »Münchner Rhythmenlehre«, die grundsätzlich zwischen Anlage und Verhalten unterscheidet. Und zwar kennzeichnet die Geburtsstunde die Anlagen. Darunter sind die Triebe und Talente zu verstehen, die als Möglichkeiten vorhanden, aber nur teilweise genutzt sind. Diesen Tierkreisort, den die Geburtsstunde anzeigt, nennt man Aszendent. Dagegen kennzeichnet der Geburtstag das tatsächliche Verhalten, also die Art und Weise der individuellen Lebensführung und Lebensauffassung. Dieses Verhalten hat die Aufgabe, möglichst alles, was an Anlagen und Trieben vorhanden ist, lebendig werden zu lassen und zur Wirkung zu bringen. Es ist der Stand der Sonne am Geburtstag, der sich in den Verhaltensweisen zeigt und auswirkt.

Also:

Geburtsstunde (Aszendent) = Anlagen

Geburtstag (Sonne) = Verhaltensweisen

Vielleicht haben Sie es schon gemerkt, daß es falsch ist, »ich bin ein Wassermann« zu sagen, wenn man zwischen dem

Unterricht in der Sternkunst, Holzschnitt aus der Augsburger »Lucidarius« von 1479

20.01. und 18.02. geboren ist. Es muß richtiger heißen: »Ich lebe wie ein Wassermann, ich verhalte mich wie ein Wassermann«. Was man wirklich ist, zeigt sich durch die Geburtsstunde am Aszendenten. Hat man hier etwa das Zeichen Löwe, so hat man eine Löwe-Anlage, die man auf die Art des Wassermanns auslebt. Diese wesentliche Unterscheidung zeigt, daß wir hier nur über die Verhaltensweisen des Wassermanns und nicht über die Anlagen sprechen, über die man jeweils unter dem entsprechenden Tierkreiszeichen des Aszendenten einiges nachlesen kann. Also: Ein im Zeichen des Wassermanns Geborener (Geburtstag), der zum Beispiel das Zeichen Löwe als Aszendenten (Geburtsstunde) hat, sollte neben dem vorliegenden Buch auch das Buch über das Tierkreiszeichen Löwe zu Rate ziehen.

Wenn wir hier ›nur‹ von den Verhaltensweisen sprechen, so ist das selbstverständlich eine Untertreibung, denn dem Verhalten kommt eine große Bedeutung zu. Das Verhalten hat die Vermittler- bzw. Aussteuerungsrolle zwischen dem Ich der Anlage und der äußeren Erlebniswelt zu übernehmen. Es soll die innere Anlage zum äußeren Ereignis werden lassen, die Talente wecken und in der Außenwelt zur Entfaltung bringen. Da nach Ansicht der Astrologie die ganze Welt über die gleichen Struktur-Bausteine verfügt, die nur jeweils anders zusammengesetzt sind, heißt das mit anderen Worten: Das Verhalten soll das ›innere ABC‹ mit dem entsprechenden ›äußeren ABC‹ verbinden.

Gelingt dem Verhalten diese Aufgabe vollständig, so hat es die ›schlummernde‹ Anlage ›erlöst‹. Dieser Vorgang ist mit dem Mythos des Märchens vergleichbar. Im Märchen ist man in eine bestimmte Erleidens- oder Erlebensform hineinverzaubert oder verwunschen – etwa als Zwerg Nase. Das symbolisiert die Anlagen mit dem Trieb zur Verwirklichung oder Erlösung. Und dann muß man diese oder jene (bisweilen unangenehme) Aufgabe erfüllen, um erlöst zu werden. Das symbolisiert den Verhaltensweg. Am Schluß ist man jedenfalls von der Verzauberung befreit und lebt das, was man wirklich ist. Der ›häßliche‹ Frosch wird zum ›schönen‹ Prinzen.

Das Hauptproblem besteht darin, daß die bewußten Verhaltensweisen vielfach nicht der Anlage entsprechen. Ist beispielsweise das Verhalten übervorsichtig, ängstlich oder egoistisch und hauptsächlich auf Sicherheit oder Prestige bedacht, dann bleibt ein Teil der Anlagen unerlöst. Auch wenn das bewußte Verhalten zu starr geworden ist und Vernunft jede Lebendigkeit blockiert, ist das Problem der ›Rückstände‹ gegeben. Der Prinz oder die Prinzessin ist dann nur halb erlöst. Astrologisch zeigen sich diese Vorgänge viel detaillierter, viel direkter bezogen auf die individuellen Anlagen (Aszendent) im jeweiligen Verhältnis zu den Verhaltensweisen (Sonnenstand-Geburtstag). Aber bleiben wir einmal bei einem allgemeinen Beispiel, bei einer Verhaltenssperre aus ängstlichem Sicherheitsbedürfnis.

Sternbildkarte von Adam Gefugius 1565

Hier kommen die Anlagen Verausgabung, Risiko, die ja zu jedem vollständigen Anlagebild gehören, ohne Zweifel zu kurz. Diese Anlagen, fassen wir sie einmal unter ›A‹ zusam-

men, bleiben unverwirklicht. Nun hat ›A‹ einen Zeitplan, nach dem es sich verwirklichen möchte. Nach diesem Zeitplan wird der Drang von ›A‹ immer stärker. Nachdem aber die bewußte Steuerung, das regulierende bewußte Verhalten, hier versagt, wendet sich ›A‹ an die zweite regulierende Instanz, an das Unterbewußtsein.

Neptun wird geholt. Er soll die bewußte Verhaltenslinie aufweichen, durchlässig machen. Die ersten Symptome dieses Stadiums sind: nachlassendes Gedächtnis, Konzentrationsmangel, unerklärliche Unausgewogenheit der Gefühlslage. Das sind deutliche Anzeichen dafür, daß im persönlichen Haushalt etwas nicht stimmt, daß man sich ausgären lassen und besinnen soll. Wenn das nichts hilft, dann wendet das Unterbewußtsein stärkere Mittel an. Es drängt die Person durch einen unterbewußten Ereignis-Wunsch in ein ›A‹ entsprechendes äußeres Ereignis, das dazu dient, das bewußte Verhalten in Frage zu stellen und damit von außen aufzubrechen. Dabei sucht sich die Person instinktiv den richtigen Weg, Ort und Zeitpunkt. Manche fahren 500 Kilometer, um sich ihr Ereignis, ihre Krise zu holen.

Deshalb ist jedes tiefgreifende Ereignis, jede Krise immer ein Hinweis, der zum Nachdenken und zu Korrekturen anregen soll. Das Schicksal ist nie zufällig oder böse, sondern immer das Ereignis des individuellen Verhältnisses zwischen Anlagen und Verhaltensweisen.

Man kann sich viel ersparen, erstens 500 Kilometer Umweg, zweitens Infragestellungen von außen, die ja meist schmerzlich empfunden werden, wenn man sich mit seinen Anlagen und Verhaltensweisen beschäftigt und auch das Verhalten anderer mit dieser Grundeinstellung beurteilt. Dieses Tierkreisbuch versucht, in anregend unterhaltsamer Form zuverlässig darzustellen, wie der Wassermann lebt.

Hebräische Tierkreisdarstellung

Einführung in das Tierkreiszeichen Wassermann

Der Wassermann, karolingische Tierkreiszeichendarstellung

Im Wassermann entspringt die Zeit, trennt sich heraus aus dem Ungeschehenen im Bild des Fisch, vereinzelt sich, um, in der Mitte der Zeit, als Gegenwart Gestalt zu sein.

In den Bildern der Mythen ist dieses Geschehen aufbewahrt und allgegenwärtig, wenn der Himmel aus der Nacht des

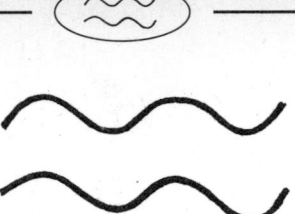

Das Wassermann-Sigel

Namenlosen aufsteigt aus dem Meer, die Erde umfängt in der Herrschaft der Vögel, die auf den Flügeln der Nacht den Einfall aus dem Namenlosen in die Welt tragen.

Der Ursprung trägt die Form des Untergangs in sich, entspringt, um aufzuscheinen in den angewiesenen Begrenzungen der Zeit, aber noch unschuldig, noch wie der Himmel zentrifugal gegen die Erde gesetzt. Die Sehnsucht nach der Unschuld, die Angst vor dem Niederstürzen in die Zeit der Triebe, drückt sich aus im Bildhaften wie in der Artikulation derer, die im Wassermann geboren sind. So spricht der Maler Franz Marc von »der Unschuld der noch nicht entzweiten Natur«, und er sieht in ihrem Abbild die »keusche Majestät«. Bei dem Lyriker Günter Eich, bei Bert Brecht oder Georg Trakl findet sich immer wiederkehrend die Abneigung gegen Zentren, gegen die »bösen Städte«, den »Dschungel« oder das »Dickicht der Städte«. So meint Georg Trakl, daß es furchtbar sei, »im Vollgefühl der animalischen Triebe zu leben«.

Der Wassermann fühlt sich von der Welt umstellt. In den Bildern des Wassermanns blicken die Figuren, selbst schon mechanistisch aus den Mechanismen des verstellten Bildraums wie fragend aus den Bildern.

So ist der Wassermann, mitten in der Welt noch ohne Handeln, er läßt sich bewegen, er wartet auf den Anstoß, darauf, daß er hineingezogen wird in den Strom des Geschehens, immer wieder darauf bedacht, sich zu vereinzeln, sich heraus-

Arabische Tierkreisdarstellung mit den zwölf Gestalten der Sternbilder, Götterbilder und Tiersymbole sowie den sieben Gottheiten der Planeten. In der Mitte der Schicksalsvogel

zuheben in die Herrschaft der Vögel, dem Ursprung der Dinge nahe, ständig im Einfall des Ungeschehenen, der Welt entfliehen wollend. Es war ein Wassermann, Achim von Arnim, Schöpfer der Liedersammlung »Des Knaben Wunderhorn«, der eine Zeitschrift für Einsiedler herausgab.

Noch vor dem Abstürzen in die Bestimmung der Zeit, in die Begrenzungen ihrer Gestalten, noch vor der Entzweiung, hat der Wassermann das Knaben- und Jünglingshafte, selbst noch im Mädchen, Friedrich Wilhelm Schelling, im Wassermann geboren, lobt in seiner Philosophie das Idealistische, alle Gegensätze Aufhebende. Und der Maler Jules Fernand Henri Léger meint, daß in den Figurenbildern keine Entwicklung

Neptun-Achatschale mit geschmelzter Goldfassung, Diamantentafeln und Rubinen, Mailand um 1570

möglich sei, solange der menschliche Körper weiterhin in der Malerei als sentimentaler oder expressiver Wert angesehen werde.

Die Welt des Wassermanns ist die Welt des Hellenismus. Immer dann, wenn die Zeit ausweglos wird, Epochen und Jahrzehnte verunsichert scheinen, kommt der Ruf nach der Renaissance, als Sehnsucht nach der Befreiung von den Fesseln, die die Triebe schaffen, – nach der Renaissance des Klassizismus unverdeckt der Ruf nach dem Wassermann-Zeitalter, das angerufen wird, weil, inmitten des Dickichts es nicht da ist.

Saturn und seine Kinder Wassermann und Steinbock, niederländischer Holzschnitt um 1440

Saturn und seine Kinder aus dem »Mittelalterlichen Hausbuch«

Das Wassermann-Bild

Die Fläche strebt über die Bildgrenze hinaus, ist auseinander strebend, zentrifugal, daher ist das Dargestellte ausschnittartig, wird zentrumslos, damit von schwebender Leichtigkeit, in der regungslose Figuren vom Umraum bewegt werden. Die Bewegung führt aus der Enge zwischen den Polen des Raumes in die ungeteilte Reinheit des Himmels, aus dem Braun zum Blau und nur die Maler mit merkuraler Bindung, Fernand Léger, Max Beckmann und Edouard Manet schildern noch die Gefangenschaft in den Bedingungen des Raumes und seiner Zwecke, mitten in einer verstellten engen Welt mit dem Blick nach draußen. Der Maler Franz Marc spricht das aus, wenn er sagt »Bilder sind ein Auftauchen an einem anderen Ort«.

Rote Pferde, Gemälde von Franz Marc

Baumformen und Büsche des Wassermanns

Zeichnet ein Wassermann einen Baum oder Busch, dann sind die Formen meistens blattlos. Charakteristisch ist, daß der Baum auf einer Anhöhe oder zumindest auf einer leichten Erhebung steht, die Äste reichhaltig weit verzweigt und vielfältig dargestellt sind. Das Hauptsymptom aber liegt darin, daß die Äste über den Bildrand hinausstreben, was meist damit kommentiert wird: »Mir reicht der Platz nicht aus.«

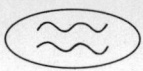

Die freie Assoziation des Wassermanns

Die Aufforderung: »Nennen Sie schnell und spontan 5 Dinge«, beantwortet der Wassermann in etwa so, wie es die nachstehende typische Reihenfolge zeigt.

1. Emanzipation
2. Aspekt
3. Skelett
4. Theorie
5. Lamm

Im gesamten Tierkreis gibt es keine Assoziations-Reihen, die so exzentrisch und als Assoziation so ungebunden und frei sind, wie die des Wassermanns. Die Begriffe beziehen sich weder auf den augenblicklichen Umkreis, noch auf das, womit man unmittelbar beschäftigt ist. Es spiegelt sich der Ideenreichtum, der weite Räume erfaßt, ohne diese durch eine Absicht oder einen Zweck zu beschneiden. Charakteristisch ist hier noch die Anführung durch den Begriff Emanzipation – die weibliche Art der Heraushebung aus der Dualität.

Die Schaukel, charakteristisches Rokoko-Gemälde von Jean Honoré Fragonard

Wassermann-Analogie

Das Rokoko

ORANGE   11   DAS FLIEGEN

a) der Vogelflug
die Unabhängigkeit
die Unverbindlichkeit
die Beziehungs-
losigkeit

b) die Emanzipation
die Höhe
das Hervorgehobene
der Überblick

c) der Horizont
die Peripherie
die Leichtigkeit
die Schwerelosigkeit
die Sorglosigkeit

d) die Neutralisierung
die Aufhebung
die Entpolarisierung
die Sprengung
die Gleichberechtigung

e) der Höhenunterschied
die Luftsäule
die Blasinstrumente
der Windkanal

f) der Strom
der Fluß
die Enthemmung
die Elektrik

g) die Umstellung
die Veränderung
das Plötzliche
das Unvermutete

h) die Krümmung
das Bizarre

i) das Visuelle
die Anrichte
die Dekoration

j) homöopathische Zuordnung: Phosphorus

Wassermann-Prinzip: die Befreiung

Der Wassermann, das Bild des Himmels von Horizont zu Horizont, aus dem Meer geboren als Freiheit der Erde, fern von den Winkeln der Erde und ihrer Folgerichtigkeit, ist Ziel der Sehnsucht bei Enge, um im Ausweglosen herauszufliegen.

Die Fruchtbarkeit des Meeres mit der Fülle des Ungeschehenen widerspiegelnd, ist das Zeichen assoziativ, bildhaft, verbindet die unterschiedlichsten Welten außerhalb ihrer Folgerichtigkeit.

Das Wassermann-Kind zeigt deshalb schon die starke Ablenkbarkeit, die fehlende Kontinuität, – und die Aufnahme des Lebens geschieht, wie aus der Welt der Vögel, aus dem Visuellen. Das Handeln ist frei von Emotionalem, nicht überlagert und in Emotionen befangen. Vernunft ist deshalb nicht notwen-

Saturn mit Wassermann und Steinbock, Kalenderbild von 1514

dig, weil die Lebensbedingungen nicht bestimmend sind, und neben der Leichtigkeit und Schwerelosigkeit des Lebensgefühls öffnen sich die Grenzen zu unvoreingenommener absichtsloser Haltung mit außergewöhnlich hoher Kombinationsfähigkeit, die sich nicht an den Zwängen der Dinge orientieren, sondern durch diese verhindert werden.

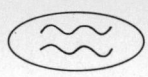

Auf der Schwelle

Es gibt wohl kein Charakteristikum, das in so deutlicher Weise durch alle Wassermann-Seelen zieht, wie die Sehnsucht nach offenen Räumen. Gedichte etwa von Günter Eich oder Georg Trakl können sich nicht genug daran tun, möglichst oft das offene Fenster zu benennen. Der Platz an der Schwelle etwa wird ebenso besungen wie das Durchstreifen des Hains oder der Vogelflug. Für den Maler Vermeer gilt seit jeher das offene Fenster, die offene Tür oder der Blick ins Freie als Erkennungszeichen.

Pegasus-Sternbild, Holzschnitt von 1544

Diesen Zug ins Freie können Sie auch beim Wassermann von nebenan oder in der eigenen Familie beobachten. Er kann Ihnen dabei durchaus ein schlechtes Gewissen vermitteln. Und wenn Sie sich an freien Tagen noch im Bett räkeln, ist der Wassermann schon von seinen frühmorgendlichen Streifzügen durch die Natur zurück, taufrisch mit einem Arm voll Binsen

und Schilfrohr (für ihn die schönsten »Blumen«), die er mit Vorliebe in großen dekorativen Bodenvasen oder Amphoren drapiert.

Problematischer ist da schon der Drang zu den offenen Räumen. Die offene Tür oder das offene Fenster sind für den Wassermann Lebensnotwendigkeit. Für ihn gehört die Öffnung des

Saturn und seine Kinder Holzschnitt aus dem »Planetenbuch« von 1553

Raumes ebenso zum Sicherheitsgefühl, wie etwa für den Stier oder einen Skorpion der geschlossene Raum. So manches Wassermann-Kind, das ungern Türen schließt (es geht ihm gegen seinen urrudimentären Strich), wird hier zu Unrecht der Disziplinlosigkeit und Unfolgsamkeit bezichtigt. Strittig wird die Situation beim offenen Fenster, der Frischluftzufuhr, gerade in

den kühleren Jahreszeiten. Wassermänner leiden deshalb, vor allem in Betrieben, oft Höllenqualen, von denen andere nichts ahnen.

Was sich hier äußert, ist der Urtrieb des Wassermanns, Zentren und Räume zu öffnen. Charakteristisch für ihn ist die Raumangst, sind die auf welcher Ebene auch immer erscheinenden Beengungspsychosen. Die Grundreaktion des Verhaltens eines Wassermanns ist hier durchaus vergleichbar mit der eines Vogels, der ihm seit alters her als Symbol zugeordnet wird. Und in der Tat scheint im Verhalten der Wassermänner vieles von den Erfahrungen der Vögel aufzutauchen. Wassermänner meiden instinktiv alle Zentren, Festlegungen und Festkettungen, lassen sich lieber an der Peripherie der Dinge nieder, anstatt in das geschlossene Zentrum zu gehen, um aus dieser möglichen Freiheit des Bewegungsraumes die jeweiligen Fluchtmechanismen sofort einsetzen zu können.

Wassermänner leiden unter nichts so sehr wie unter der Geschlossenheit einer Situation, unter der Beengung. Ihre Schwäche liegt in der geringen seelischen Belastbarkeit. Ihr Gefühl ist von gläserner Zerbrechlichkeit. Ein Wassermann wird immer versucht sein, die Geschlossenheit eines Vorgangs, einer Situation zu sprengen und wo ihm das nicht gelingt, aus der Entwicklung zu springen, Öffnungen zu suchen oder, gleich einem Vogel, wegzufliegen.

Daß sich die Befreiungskriege des damals eingeschlossenen, beengten Preußen unter der Regentschaft des Wassermanns Friedrich II. vollzogen, ist ebenso symptomatisch, wie die Tatsache, daß es die Wassermänner sind, die aus der Kontinuität ihrer Tradition herausspringen, mutieren, meist in die Bereiche eines sozialen Idealismus, um auch hier Unterschiede zu neutralisieren, sozial zu öffnen.

Seine Aufgabe im Tierkreis ist es, die Dinge im Fluß und in der Bewegung zu halten, überholte oder lebensfremde Maßstä-

be zu sprengen, spannungsgeladene und einheitsgefährdende Unterschiede und Gegensätze zu neutralisieren.

Für den Wassermann ist die soziale Frage immer die des Abbaus von Unterschieden und Spannungen und der Ausgleich von Gegensätzen. Hierin liegt sein Verständnis für Gerechtigkeit. Mit seinem Drang, emotionell unabhängig zu sein, frei zu sein und darüber zu stehen, kann er deshalb bei größtem sozialen Verständnis gleichzeitig unverbindlich, ja beziehungslos sein. Er spottet der Ausgeliefertheit an Triebe und Emotionen, liebt keine dicken Gefühle, belächelt sie, denn sie sind für ihn nicht lebenstragend; sie laufen seinem Selbstverständnis, seinem Verhaltensmuster entgegen, und weil dies für ihn so selbstverständlich ist, meint er, dies sei selbstverständlich auch für andere.

So können Sie von einem Wassermann jede Hilfe erwarten, solange er das Gefühl hat, daß er sie freiwillig gibt. Sie dürfen aber diese Hilfe keineswegs fordern oder etwa gar versuchen, ihn zu verpflichten. Er wird dies als Beengung, als »Dickicht« empfinden und schnellstens versuchen, einen Platz an der Peripherie, am Rande Ihrer Probleme zu finden.

Ein Wassermann lebt auch vielfach aus einem seltsamen Kontrast. Einerseits ist er ständig bestrebt, sich aus der Abhängigkeit vom Leben zu lösen, zu befreien und herauszuheben, andererseits fühlt er sich in seinem Bestreben, Dualitäten wie Gegensätze aufzuheben, dazu motiviert, auch sich selbst zu neutralisieren, selbst kein Zentrum zu sein oder sich zumindest nicht in den Ebenen der Gegensätze zu bewegen.

Der Wassermann kennt keinen Unterschied von Rang und Namen, jedenfalls sagt er es, er bewegt sich frei, unkonventionell, wie er meint, ohne aber, wie etwa der Widder, herauszufordern. Wo er selbst zu groß ist, macht er sich klein, wo er selbst zu klein ist, macht er sich, entsprechend seiner Umgebung, groß. Er will sich dabei keineswegs klassifizieren oder

Die roten Rehe, Gemälde des Wassermann-Malers Franz Marc

etwa durch Ehrgeiz motivieren. Er will auf die natürlichste, weil ihm gemäße Weise, Unterschiede aufheben, nicht zuletzt deshalb, um nicht selbst ein verbindliches Zentrum oder ein abgegrenzter Gegensatz für andere zu werden. So erlebt man denn beim Wassermann die ausgeprägtesten Selbstzerknirschungsfälle wie die natürlichste Vertrautheit, wo immer sie sich bewegen. Die etwa von Bert Brecht bevorzugte Arbeitsuniform ist keinesfalls als subaltern gegenüber der arbeitenden Klasse zu verstehen, sondern lediglich als eine unterschiedaufhebende, neutralisierende Kleidung. Der Wassermann versteht sich bei alledem aber durchaus als einzelner, denn schon die geschlossene Gemeinschaft ist Beengung, ist »Dschungel« und »Dickicht«.

Der Wassermann kann dort neutralisieren, wo nicht das Schwergewicht seines Verhaltens und seines Selbstverständnisses liegt, im Emotionellen. So sind ihm auch die seelische Auseinandersetzung, die Belastung oder der seelische Kontrast durchaus fremd. Seelische Bewegungen sind für ihn interessant. Etwa in ihren Grenzwerten auf der Ebene des Experimentellen. Der Ernst einer seelischen Auseinandersetzung belustigt ihn mehr, und er selbst wird sich niemals in ein entsprechendes seelisches Kontrastprogramm einbauen lassen. Dies bestimmt auch das Verhältnis des Wassermanns zum Religiösen, zu Gott. Wassermänner sind zumeist Freigeister. Gott finden sie, – solange es möglich ist, – in der Natur, im Grashalm, in der Einsamkeit einer Landschaft. Meist fühlt sich dabei der Wassermann so klein und unbedeutend, daß er von höheren Geistern gar nicht auszumachen ist. Das ist ein Ausgangspunkt, um auch auf dieser Ebene unverbindlich zu bleiben.

Das wirkliche Streben des Wassermanns richtet sich auf Reinheit, auf Läuterung, auf die Identität mit den Ebenen, in denen Gegensätze aufgehoben sind, in der bisweilen mystisch empfundenen Einheit allen Seins. Sein Drang zielt nach Unabhängigkeit von all dem, was mit der Welt der Gegensätze und Kontraste verbindet und sich ihr ausliefert. Und auch hier durchzieht ein Merkmal die Artikulation der literarischen Vertreter des Tierkreiszeichens: Die Darstellung der Zerbrechlichkeit, der Hinfälligkeit der Welt, der Fragwürdigkeit des Lebens, der ständige, fast gleichwörtliche Hinweis auf Verwesung und Vergänglichkeit.

Zirkus Welt

Ein Wassermann betrachtet die Welt gleich einem Vogel von oben, etwas spöttisch, etwas amüsiert. Der Ernst des Lebens erheitert ihn. Zuweilen läßt er sich in Abständen auf der Erde nieder, um dann wieder abzuheben und sich neue Betrachtungs- und Aussichtspunkte zu suchen. Für ihn ist die Welt eine Comédie humaine. Und wenn es auch scheint, als sei er bisweilen auf eine herablassende Gebärde angewiesen, so ist doch sein Spott nicht verletzend, schon gar nicht verurteilend. Der Wassermann ist tolerant. »Jeder soll nach seiner Façon selig werden«, sagte Friedrich II. in einer Zeit, in der das nicht selbstverständlich war.

Sich einen Wassermann zum Feind zu machen ist schwer, auf die Dauer so gut wie unmöglich. Sie können ihn noch so enttäuschen, er bringt das Kunststück fertig, es trotzdem nicht übel zu nehmen. Dabei ist er in der Feingliedrigkeit seiner Seele durchaus schnell verletzbar. Er ist jedoch stets bereit, zu verstehen und zu verzeihen. Ihm scheint das menschliche Leben vergänglich; in seinen Gegensätzen geradezu grotesk, er lebt in anderen Kategorien. Warum sollte er in tierischem Ernst Maßstäbe anwenden, denen er sowieso nicht traut, die ihm sowieso fragwürdig und angreifbar erscheinen. Eher ist es noch möglich, daß er Ihr seelisches Engagement oder Ihren Fanatismus milde belächelt. Möglicherweise beobachtet er aus der Distanz, wieweit Sie noch Ihren emotionalen Trieben ausgeliefert sind.

Das soll nun nicht heißen, der Wassermann sei nicht Affektionen und Gefühlsausbrüchen ausgeliefert. Sie beziehen sich aber immer auf das ihm eigene Selbstverständnis. Er bockt gerne, gerade auch als Kind, wenn er zu etwas gezwungen oder verpflichtet werden soll, und übt Abwehr, wenn er beengt oder bedrängt wird. Beengungspsychosen treten nirgends in so viel-

Tiger, Gemälde des Wassermann-Malers Franz Marc

facher Weise auf, wie gerade im Zeichen Wassermann. Und sie sind durchaus auch auslösbar durch Überlastungen und Überanstrengungen. Nervliche und seelische Belastbarkeit ist dann vielfach auf ein Minimum reduziert, und der Drang, aus der Situation, der Entwicklung und Kontinuität zu springen, liegt

nahe. Ein Wassermann wirkt dann wie ein Vogel im Käfig, und dort, wo sich aus der Kontinuität und der Gleichmäßigkeit des Lebens andere Tierkreiszeichen Beruhigung und Sicherheitsgefühl holen, verliert der Wassermann zusehends mehr und mehr an Lebenskraft. Dort aber, wo sich andere Zeichen, wie etwa Krebs oder Jungfrau, in Lärm und Hektik die Nerven ruinieren, lebt ein Wassermann auf, dort regeneriert er sich. Er liebt das Bunte, Laute, Dröhnende, die Abwechslung, das Unverhoffte. Die Überraschung, der Anreiz zu innerer und äußerer Bewegung stimulieren ihn. Er braucht das um so dringender als durch sein Prinzip der Loslösung von Emotionen der eigene Antrieb zu äußeren Zielen nicht gerade ausgeprägt ist. So wird ihm alles Neue, Fremde, Unbekannte zum Anreiz. Er nimmt es begierig auf und wird Sie gerade dann, wenn Sie in seinem Umkreis noch neu sind, mit Interesse oder auch Gastfreundschaft überschütten. Meist gleicht die erste Einladung bei einem Wassermann einem Fest, einer Gala, und die Hausfrau wird mehrere Stunden auf die Vorbereitung verwenden. Aber schon beim vierten Male hat sich alles normalisiert, und Sie sind in die täglichen Improvisationen des Wassermanns dann durchaus mit einbezogen.

Der Anreiz durch die Außenwelt ist für den Wassermann lebenswichtig. Er gleicht einer Kugel auf ebener Fläche, bereit zur Bewegung nach jeder Seite. Ohne Antrieb und Anreiz von außen kommt der Wassermann gern in das für ihn typische Kreisdenken. Er denkt dann immer im gleichen Kreise bis zur Selbstzermarterung. In diesen scheinbar ausweglosen Situationen sollte man das Symptom schnell erkennen: Es fehlt der Anreiz. So sucht der Wassermann schon aus Instinkt das Überraschende, das Unvermutete, die Abwechslung, aber auch das Absonderliche, Seltsame, Paradoxe sowie Extreme und die Grenzfälle des Lebens. Es ist kein Zufall, daß sich das Interesse für Parapsychologie oder außersinnliche Phänomene im Was-

sermann verstärkt ausprägt, daß die Abenteuerlust hier wie von selbst wächst, und daß die Umwelt von ihm vielfach als Experimentierfeld angesehen wird.

Das Leben bedeutet für den Wassermann einen Jahrmarkt. Er hält sich bereit, schließt nicht aus, hält alles für möglich. Er steht mittendrin, aber als einzelner. Das Wort von dem Einsamen in der Menge kann nur von einem Wassermann geprägt sein.

Der Tierkreis, Holzschnitt aus dem Augsburger Lucidarius von 1470

Der unbefangene Spieltrieb

Die Gärten, Häuser oder Schaufenster von Wassermännern sind leicht auszumachen. Wassermänner lieben schmiedeeiserne Tore, vielfach geschwungen. Sie lieben das Ornament. Im Garten stehen kleine, bunte Schubkarren, mit Blumen gefüllt, und an der Wand oder über der Tür findet man nicht selten ein altes Wagenrad. Auch wenn sie einen öden Straßenzug entlanggehen und schon von der Ferne vor einem Haus große Tontöpfe mit Blumen sehen, so können Sie, wenn es nicht gerade ein Hotel ist, durchaus vermuten, daß es sich hier bei dem Hausbesitzer um einen Wassermann handelt.

Wassermänner haben viel Sinn für die Unwichtigkeiten und Nebensächlichkeiten des Lebens. Ihr Lebensgefühl ist unbeschwert, der Spieltrieb kann sich voll entwickeln. Während andere Zeichen, wie etwa die Jungfrau, ihre Verhaltensmechanismen aus der Erhaltung und Sicherung der Eigenart beziehen und damit in ihrem Selbstverständnis des Verhaltens auf Vernunft und Anpassung angewiesen sind, ist der Wassermann in seinem Verhaltensinstrumentarium von allen Zwängen dieser Erde befreit. Er kann fliegen, löst sich von seinen Emotionen. Seine Lebensfähigkeit liegt in der unvoreingenommenen Bereitschaft für das Neue, in der Absichtslosigkeit gegenüber Leistung und Bewertung. Damit wird er frei zu vollkommener Unvoreingenommenheit. Er schließt nichts aus, setzt sich selbst nicht die Grenzen des Möglichen, sondern überläßt es dem Experiment des Lebens. Er ist nicht an das Wahrscheinlichkeitsdenken ausgeliefert. So wird im Grunde alles möglich, und die Assoziations- und Kombinationsfähigkeit gleicht dem freien Spiel der Kräfte.

Wassermänner sind im Kleinen wie im Großen die genialen Erfinder, die alles für möglich halten, und ihr Denken dringt in Räume, die andere nie betreten können. Es ist geradezu symbolisch, wenn neben Edison vor allem die bahnbrechenden Pioniere der Luftfahrt und Fliegerei wie etwa Hugo Junkers, Auguste Piccard oder Charles Lindbergh hier zu finden sind. Es ist nicht die Frage der Intelligenz, die sie dazu befähigt, sondern die Naivität und unbeschwerte Unschuld ihres Lebensgefühls. Was andere Zeichen mit ihren Verhaltensmechanismen für die Erhaltung und Sicherung ihrer Eigenart oder die Sicherung ihres Lebens ausschließen müssen, um sich nicht zu verlieren, kann der Wassermann alles aufgreifen. Seine Verhaltensmotive befreien ihn von Absichten und Zwängen. Er fällt aus der Zeit, verliert die Norm, schließt sich aus der Gegenwart aus. Ihm gemäß ist die schwebende Leichtigkeit des Gefühls, wie es etwa in der Zeit des Rokoko in Erscheinung tritt. Es gibt große Beispiele dafür, so etwa Wolfgang Amadeus Mozart oder Baumeister Balthasar Neumann, der Schöpfer der Würzburger Residenz, – im Lebensstil durchaus vergleichbar mit dem Komponisten Franz Schubert. Es gibt aber auch die kleinen Beispiele der Leichtfüßigkeit, – typischerweise haben Wassermänner gern Zierrat an den Schuhen, – der Unbekümmertheit, frei von Zwängen, aber auch von ausschließenden Grenzen der Vernunft. Man kann es im täglichen Leben beobachten, die Sorglosigkeit, das aus der Zeit Fallen, das auch in den kleinen Dingen des Lebens an den großen Vertretern des Zeichens nicht vorbeigeht. So heißt es über Gotthold Ephraim Lessing, daß er erst zu schreiben begonnen habe, wenn das Manuskript schon für die Druckerei abgeholt werden sollte.

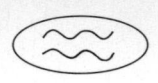

Treppenhaus des Schlosses Augustusburg in Brühl von Johann Balthasar Neumann

Der sogenannte Tierkreis von Dendera, altägyptisches Tierkreis-Rundgemälde im Detail

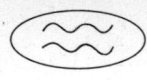

Das Leitbild der Stärke

Wer wie der Wassermann den Antrieb nicht aus sich oder der eigenen Emotion holt, der kann sich nicht so direkt und unmittelbar verteidigen, wie etwa der Widder oder der Skorpion. Außerdem liegen Probleme nahe, die in der seelischen Verarbeitung der Umwelt und ihrer Eindrücke liegen. Vielfach zeigt der Wassermann dann das Image nervöser Unruhe und Zerbrechlichkeit. Aber wie jedes Zeichen, so kann auch der Wassermann die ausgleichenden und schützenden Regulative in seinem Verhaltensmuster vorweisen. Bei ihm kommen die Urrudimente und Urerfahrungen der Vögel zum Tragen. Er hebt sich aus allen Gegensätzen und Kontrasten empor in die Lüfte.

Der Psychoanalytiker und Wassermann Alfred Adler hat dies in seiner Individualpsychologie vielfältig und ausführlich beschrieben. In dieser Psychologie des Wassermanns sei das Seelenleben beherrscht von dem Streben nach Überlegenheit, sagt Adler. Die Kompensation wird durch Überlegenheitsgefühle angeboten. Und in der Tat ist das Streben nach Überlegenheit eine Hauptstütze des Wassermann-Verhaltens. Bisweilen kommt es dabei oft zur Flucht in eine sogenannte überpersönliche Scheinneutralität. Wassermänner stehen gern über Gut und Böse und können damit ihre Umwelt bis aufs Blut reizen. Der Wassermann gleicht dann einem Vogel, den man nicht greifen kann. Es ist dabei durchaus bemerkenswert, daß Wassermänner immer dann im Traum durch die Lüfte segeln, wenn sie sich im täglichen Existenzkampf überfordert fühlen.

Vielfach versuchen Wassermänner, gerade die Mitte Februar Geborenen, ihre innere Unruhe zu verfestigen. Es ist der Versuch, die eigene Schwäche konstruktiv zu organisieren, das Verhalten nach festen Prinzipien zu formieren. Deutlich wird das besonders bei dem Maler Max Beckmann, in dessen Bildern die Zartheit der ›inneren‹ Farbgebung von der starken ›Außen‹-Kontur (des Verhaltens) eingefaßt wird. Hierin liegt aber schon der Übergang zum Leitbild der Stärke, durch das der Wassermann Ausgleich seiner eigenen nervösen Unruhe und Agilität sowie Abschreckungsschutz der empfindsamen Seele sucht. Neben dem betont männlich-legeren Auftreten oder dem gesuchten sportlichen Image wird in der Jugend, bei Männern wie Frauen, mit Vorliebe der Abenteuer-Look getragen. Das zeigt sich besonders bei den männlichen Wassermännern in breitrandigen Hüten und breiten Gürteln und anderen Symbolen der Stärke und des Selbstbewußtseins. Aber abgesehen von diesen äußeren Merkmalen haben Wassermänner einen auffallenden Hang zu männlichen Sportarten, auch in Richtung Verwegenheit. Neben der Fliegerei ist das vor allem der Boxsport, und die Amateurboxer und Boxanhänger liegen im Wassermann weit über dem Tierkreis-Durchschnitt. So ließ sich selbst Bert Brecht mit bekannten Boxern in Pose photographieren und nannte diesen Sport ein »mystisches Vergnügen«.

Der Wassermann und der Beruf

Es gibt kein Zeichen, in dem die Berufswahl und der Berufsplatz so entscheidend sind, wie beim Wassermann. Tätigkeiten, die zu wenig Abwechslung bieten, wie zum Beispiel Verwaltungsarbeiten oder solche, die sich ausschließlich in geschlossenen Räumen vollziehen, sind für ihn nicht das Optimale.

Wassermänner sind von Natur aus begabt für alles Konstruktive sowie für Technik. Ob sich das im Organisatorischen niederschlägt oder in technischen Entwicklungsbüros oder auch in der Kraftfahrzeugtechnik, spielt keine Rolle. Zudem zeigt der Wassermann eine hohe Begabung für alles Visuelle, für alles,

Ein Astrologe empfängt einen Kunden, englische Zeichnung aus dem 17. Jahrhundert

was sich zeichnerisch, bildhaft oder auch optisch darstellt. Also Film, Photographie, Fernsehen ebenso wie technisches Zeichnen oder Dekoration. Und weil Wassermänner Einfälle haben, die ihresgleichen suchen, sind sie in der Werbung und in ähnlichen Berufen unbezahlbar.

Die technische Begabung von Wassermännern ist außergewöhnlich groß, – gerade auch im Sinne der Kunstfertigkeit. Für sie paßt das Wort von der Brillanz, ein Adjektiv, das gerade im Hinblick auf künstlerische Bereiche deutlich wird. Wassermänner sind virtuos mit leichter Hand. Dieses hohe Maß an Kunstfertigkeit ist bisweilen gefährlich, weil dadurch die innere Auseinandersetzung, das Bewältigen des Stoffes oder der Arbeit nur allzuleicht zu kurz kommt.

Was sich bei allen Vorzügen des Wassermanns dabei fast selbstverständlich ausschließt, ist allzu große Ausdauer oder Hinnahmevermögen. Wenn man die Vorteile des Wassermanns in Anspruch nehmen will, sollte man dem Rechnung tragen und als Vorgesetzter, etwa als Steinbock, nicht sein eigenes Maß anwenden.

Als Vorgesetzte sind Wassermänner im sozialen Bereich geradezu Vorbilder. Sie werden selbst auch kaum den Vorgesetzten herausstellen, das ginge gegen ihr Naturell. Allerdings reagieren sie allergisch, wenn man ihre soziale Einstellung ausnutzen will oder ihnen zu opportunistisch und subaltern entgegentritt oder zu hartnäckig mit Forderungen ist. In solchen Fällen können sie unerwartet scharf und kühl reagieren.

Sternenopfer, arabische Darstellung aus dem Codex Bodl. Or. 133

Die astrologischen Elemente des Horoskops, Holzschnitt von Erhard Schön zu einem Kalender von 1515

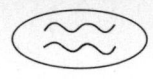

Der Wassermann und die Liebe

Der Wassermann-Mann

Ein Wassermann ist der geborene Charmeur. Er verfügt über alle die Attribute, denen Frauen so gern erliegen. Gerade seine verspielte, sorglose Art ist es, die dem bisweilen grauen und düsteren Alltag Lichtblicke und Aufhellungen verleiht und aus Grübeleien und bitterem Ernst herausholt. Eines sollten Sie beim männlichen Wassermann aber im voraus bedenken. Der Wassermann liebt den Flirt, die Unverbindlichkeit, das heitere Spiel. Dabei sind die Reaktionen der Umwelt für ihn immer interessant. Er ist dann wie ein Vogel, der von hohem Platz Reaktionen seiner Mitmenschen staunend beobachtet und beäugt. So ist das Leben für ihn oftmals Experiment.

Irgendeinmal schlägt aber auch für den Wassermann die Stunde. Er ist dann ein Freund von schnellen Entscheidungen. Die Inkubationszeit zwischen Kennenlernen und Heirat beträgt in einzelnen Fällen nur wenige Wochen. Sie sollten das Tempo ruhig mitmachen. Denn gerade in schnellen Entschlüssen zeigt der Wassermann einen untrüglichen Instinkt. Außerdem dürfte das schnelle Tempo durchaus beglückender für Sie sein, als das lange und zaudernde Termingeschiebe manch anderer Zeichen.

An rasche Entschlüsse und viel Unruhe müssen Sie sich dann gewöhnen.

Der Wassermann liebt Geselligkeit und Abwechslung. Die Aufgabe, die Ihnen dabei zukommt, besteht darin, seiner Agilität Ziele zu geben. Allerdings, Sie sollten das ›nebenbei‹ machen und nicht, etwa wie die Skorpion-Frau, ständig bohren. In diesem Fall würde er entfliehen und Sie von hoher Warte amüsiert betrachten. Er kann dann seine bisweilen gemimte Überlegenheit aufreizend ausspielen wie kaum ein anderes Zeichen.

Streit dürfte es mit einem Wassermann nur dann geben, wenn er sich beengt fühlt und nicht mehr auskommen kann. Er pickt dann um sich, wie ein Vogel, den Sie festhalten wollen. Doch ein Wassermann ist schnell versöhnt und schnell abgelenkt. Sein Erfindungsreichtum und seine Einfälle sowie die virtuose Beherrschung des täglichen Lebens garantieren Ihnen ein wenn auch nicht immer ruhiges, so doch letztlich gesichertes Leben. Bisweilen müssen Sie zwar, wie auf einer Achterbahn, die Luft anhalten. Das sollte Sie aber nicht dazu bewegen, den Wassermann in ruhigere Bahnen lenken zu wollen und damit dort zu hemmen, wo seine Fähigkeiten zur Lebensbewältigung liegen.

Wenn Sie feste Grenzen um Ihr Heim oder Ihr ›Nest‹ ziehen wollen, dann sollten Sie von einem Wassermann lieber die Hände lassen. Ein Wassermann liebt das offene Haus, ist gastfreundlich, und es kann schon passieren, daß es bisweilen zugeht wie im Taubenschlag. Freunde gehören beim Wassermann zum Selbstverständnis seines Lebens. Er liebt Männerfreundschaften. Er diskutiert und bespricht sich gern mit Freunden. Überhaupt zeigt er manchmal Züge eines seelischen Exhibitionismus. Er beobachtet gespannt auch eigene seelische Vorgänge und bespricht sie dann. Emotionen sind für ihn überschaubar, er klebt nicht an ihnen und ist deshalb durch sie nicht befangen, sondern bleibt souverän und spielt und experimentiert damit. Insofern ist Untreue bei ihm auch nicht so gravierend; er nimmt dabei selten seine ganze Seele mit.

Wenn Ihnen dies alles sympathisch ist und für Sie paßt, dann sollten Sie zugreifen. Sie erkennen im übrigen einen männlichen Wassermann sogleich durch Merkmale, die, treten sie zusammen auf, untrüglich sind: Er ist schlank, hat eine große Schuhnummer, neigt im Gang nach der X-Seite, geht über den »großen Onkel« und trägt als Accessoire ein buntes, meist orangenes Tuch um den Hals, das durchaus als

Merkmal der Männlichkeit an urrudimentäre Balzgewohnheiten erinnert.

Wassermann-Männer werden gern aus ihrer Peripherie hereingeholt in beengte, unzufrieden gewordene Lebenswelten, – er ist der Mann, der beengte Welten auflockert, und kein Zeichen weist so viele »unverbindliche Verbindungen« auf, in denen er der weitaus jüngere Partner ist, wie das Zeichen Wassermann.

Die Wassermann-Frau

Die Wassermann-Frau ist die aparte, aber auch kapriziöse und romantische Frau im Tierkreis. Sie verfügt über nicht weniger Charme als der männliche Wassermann. Als junge Mädchen sind Wassermann-Frauen bisweilen voll von kuriosen Ideen und abwechselnd exzentrisch und verträumt.

Ähnlich wie der Wassermann-Mann ist auch die Wassermann-Frau wie ein heiterer Lichteinfall in das tägliche Einerlei. Sie kann auflockern, Verknotungen lösen, das Leben leichter machen. Wenn Sie sie für sich gewinnen wollen, sollten Sie sich etwas Originelles einfallen lassen, ihr unbefangen entgegentreten. Sie liebt weder indirekte Werbungen, noch wohldurchdachte Annäherungen.

Wenn die Wassermann-Frau Feuer gefangen hat, wird sie sich schnell entscheiden, Sie im anderen Falle zu bedrängen, würde nur Beengungspsychosen hervorrufen und Ablehnung zur Folge haben. Zu ernste oder theatralische Liebesschwüre können sie zudem durchaus erheitern oder machen ihr gar angst.

Wer eine Wassermann-Frau als Partnerin hat, an dem geht das Leben nicht vorbei. Sie ist modern, aufgeklärt, unkonventionell und allen neuen Ideen und Gedanken aufgeschlossen. Sie sind mit ihr immer ›in der Zeit‹ (up to date), und ihr meist sogar etwas voraus. Dabei ist die Wassermann-Frau im täglichen Leben keineswegs verstiegen, sondern praktisch und sachlich. Sie will sich immer als Partnerin verstanden wissen. Sie wird dann für Sie und die Familie da sein, sich für Sie und Ihre Ziele voll einsetzen und Sie nie im Stich lassen. Die Wassermann-Frau gehört zu denjenigen Frauen, mit denen Sie Pferde stehlen können. Um des Abenteuers willen würde ihr das sogar Spaß machen. Die Kinder kommen bei ihr nicht in den Schraubstock zu strenger oder zu ängstlicher Erziehung, sondern können sich frei entwickeln, werden keine Duckmäuser oder sonstwie Versprengte.

Allerdings wird die Wassermann-Frau bei Zwang oder Prinzipienreiterei störrisch und bockig; ihre Anpassung muß freiwillig sein.

Bei all diesen Vorzügen hat die Wassermann-Frau auch ihre wunden Punkte. Bei ständigem Streß, Überanstrengung oder Beengung erschöpft sie sich schnell, wird die nervliche und seelische Belastbarkeit gering. Kontinuität strengt sie an, und Sie müssen ihr immer wieder ein paar ›Luftlöcher‹ lassen; es ist die Abwechslung, bei der sie sich regeneriert.

Die Wassermann-Frau gehört zu den patriarchalischen Frauen, das heißt, sie wird dort, wo sich das Matriarchalische, also Soziale verfestigt, nicht anerkannt, – das gilt für das Erbe ebenso wie für die Anerkennung als Ehefrau. Viele Männer trauen sich nicht, sie in den Status der Ehe zu heben, so werden sie oft zur Maitresse, der der matriarchalische Mann (meist mit Muster auf dem Pullover) vertraut, während er die Ehefrau belügt.

Frau mit Tierkreis, Holzschnitt von Albrecht Dürer

Astronom mit astrologischen Symbolen, Holzschnitt von Albrecht Dürer

Anekdoten über berühmte Wassermänner

Charles Maurice Talleyrand

Als sich ein Edelmann seiner Unbestechlichkeit rühmte, erklärte Talleyrand: »Ich stehe für mich bis zu einer Million.«

»Talleyrand sagte stets die Wahrheit und täuschte immer. Metternich log immer und täuschte nie.«
Bismarck

Charles Maurice Talleyrand

Ludwig der XVIII. gab Talleyrand seine Vorstellungen von der geplanten neuen Verfassung bekannt. Als der König anregte, die Arbeit der Abgeordneten in der Deputiertenkammer als ehrenamtlich zu deklarieren, zeigte der Minister Bedenken: »Das, Majestät, kommt uns zu teuer.«

Talleyrand spielte 1832 mit James Rothschild Karten. Ein Goldstück fiel auf den Boden. Rothschild kroch auf allen vieren, es zu suchen. Talleyrand entzündete eine Hundertpfundnote und hielt sie unter den Tisch: »Darf ich Ihnen leuchten, Herr Baron?«

Talleyrand berichtete dem Korsen von der Krönung des Zaren Alexander I.: »Vor ihm schritten die Mörder seines Vaters, neben ihm die Mörder seines Großvaters und hinter ihm seine eigenen.«

Gotthold Ephraim Lessing

Was soll man zu den Dichtern sagen, die so gern ihren Flug weit über alle Fassung des größten Teils ihrer Leser nehmen? Was sonst, als was die Nachtigall einst zur Lerche sagte: »Schwingst du dich, Freundin, nur darum so hoch, um nicht gehört zu werden?«

Lessing

Gotthold Ephraim Lessing

Wolfgang Amadeus Mozart

Konzertanzeige Leopold Mozarts 1764 in Frankfurt am Main: »Meine Tochter, zwölf Jahre alt, mein Sohn, der sieben Jahre zählt, werden die Konzerte der größten Meister auf einem Klavizin mit und ohne Schweif ausführen, mein Junge auch ein Konzert auf der Violine. Mein Sohn wird die Tasten des Klavizin mit einem Tuch zudecken und auf demselben spielen, als wäre es nicht zugedeckt. Von Weitem wie aus der Nähe wird er jeden Ton, jeden Akkord erraten, den man ihm auf dem Klavizin oder an einer Glocke oder auf irgend einem Instrumente angeben wird. Zum Schlusse wird er so lange frei phantasieren als man nur will, und zwar nach Wahl auf der Orgel oder am Klavizin in allen Tonarten.«

Wolfgang Amadeus Mozart

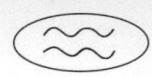

Friedrich II.

Bevorzugtes Geschenk Friedrichs II. von Preußen: billige Dosen mit der Aufschrift »L'amitié augmente le prix« (Die Freundschaft erhöht ihren Wert).

Unmittelbar nach seiner Thronbesteigung traf Friedrich II. von Preußen seine Rheinsberger Zechkumpanen. Einer legte in vertrauter Manier einen derben Witz vor. Friedrich musterte ihn mit eisigem Blick: »Monsieur! Ich bin der König.«

Eine Offiziersfrau beklagte sich hei Friedrich II. von Preußen:
»Mein Mann mißhandelt mich.«
»Geht mich nichts an.«
»Und beschimpft Eure Majestät.«
»Geht Euch nichts an.«

Marmorstandbild Friedrich II. von Preußen in Stettin von Johann Gottfried Schadow (Detail)

Der Wassermann und die anderen

Bezieht man sich nur auf die Verhaltensweisen der einzelnen Tierkreiszeichen, also auf den Geburtstag (Sonne), so kann man eine Faustregel aufstellen. Die idealste Verhaltenskombination stellen immer die Zeichen dar, die durch ein Zeichen voneinander getrennt sind – also ein Zeichen und das jeweils übernächste. Für den Wassermann sind das der Schütze und der Widder. Dabei ist meistens das im Jahresverlauf vorherliegende Zeichen für die Verbindung bestimmend. Der Widder wird also durch den Wassermann bestimmt, der Wassermann durch den Schützen. Gute Kombinationen ergeben außerdem die Verhaltensweisen der Zeichen, die das gleiche Element repräsentieren. Beim Wassermann sind das die Luftzeichen Zwillinge und Waage. Allerdings ist dies eine Verbindung, die schädlich sein kann, da man sich auch in den Extremen bestätigt und kein korrigierender Ausgleich gegeben ist.

Die Zeichen, die jeweils durch zwei Zeichen voneinander getrennt sind, weisen unvereinbare Verhaltensweisen auf, behindern sich gegenseitig, ohne sich zu ergänzen. Hier herrscht ständiges Reizklima.

Die Verhaltensweisen der Zeichen, die fünf oder sieben Tierkreisstationen auseinanderliegen, sind sich eher fremd. Sie reizen sich nicht und begreifen sich nicht. Es herrscht ein spannungsloses Mißverständnis. Dies sind für den Wassermann die Jungfrau und der Krebs. Ähnliches gilt für benachbarte, also unmittelbar aufeinander folgende Zeichen. Dabei herrschen verschiedene Motivationen auf gleicher Ebene vor, was meistens zu stärkeren Kontroversen führt.

Die sich gegenüberliegenden Zeichen ergeben in der Kombination ständige produktive Auseinandersetzungen, die sich aus der Gegensätzlichkeit der Verhaltensmotive entwickeln. Man hält sich gegenseitig in Schach. Dieses Gegenüberstellen von

Der Mensch im kosmischen Kreuz der Elemente Feuer (Sonne), Wasser, Erde und Luft (Mond), Holzschnitt von Hans Weiditz, Augsburg 1532

Tierkreiszeichen ist für Partnerschaften nicht nur produktiv, sondern auch harmonisch, wenn nicht nur der Geburtstag, sondern auch die Geburtsstunde (Aszendent) einbezogen wird. Es ist wohl die idealste Kombination für das Zusammenleben, wenn der eine Partner seinen Aszendenten in dem Zeichen hat, in dessen Bereich der Geburtstag des anderen fällt. Die Verhaltensweise des einen entspricht dann der Anlage des anderen. Hier kann allerdings nur über die Verhaltensweisen und nicht über die Anlagen gesprochen werden.

Wassermann und Widder

Eine Widder-Wassermann-Verbindung ist wie ein Auto ohne Bremse. Zu beerben sind beide ganz gewiß nicht. Mit diesem Gedanken sollte sich vor allen Dingen die Nachkommenschaft rechtzeitig vertraut machen. Solange man noch laufen kann, wird das gemeinsame Vermögen in Weltreisen angelegt oder wandert auf ein Spendenkonto für die bedrohte Tierwelt.

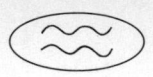

Naheliegende Ereignisse werden zugunsten weniger hautnaher Probleme beiseite geschoben. Das ist zwar ein typisches Wassermann-Verhalten, aber der Widder ist in dieser Richtung besonders leicht zu beeinflussen. Viele Unarten seines Partners sind auch bei ihm vorhanden.

Der Wassermann hat keine Richtung, er ist wie eine Kugel bereit, nach allen Seiten zu rollen, es fehlt ihm nur der Anstoß, – Widder haben ihre Richtung auch nur durch die Widerstände, die ihnen angeboten werden, – also sind sie beide nach außen orientiert und ständig bereit, ständig hungrig. Sie sind mit der Verbesserung der Welt und mit der Ausmerzung von Übeln beschäftigt, und weil der Wassermann in seiner überlegenen Scheinneutralität dann gern zum Besonderen im Stier wird, – einsam in der Menge, – wird er zur Säule des Sozialen.

Das bekommt dann der Verbindung sehr gut, denn der Widder will seinen Partner bewundern, und wenn das einmal nicht möglich ist, wird der Widder ständig nörgeln. Wird der Wassermann aber einmal gelobt, – in der Außenwelt, – dann wird er ausgeführt und in exotische Lokale geführt.

Keine Frage, daß sich beide in der Verbindung wohl fühlen.

Wassermann und Stier

Wassermann und Stier haben wenig Gemeinsamkeiten. Der Stier bildet Zentren, um sein Sicherheitsgefühl und sein Selbstverständnis zu festigen. Deshalb ist sein Zeichen auch das der Baumeister und Architekten. Das gilt im direkten und im übertragenen Sinne. Der Stier ist Baumeister von Gesellschaftsstrukturen. Wer sein Gewölbe betritt, fühlt sich sicher und geborgen. Man kann aber nicht ständig in einem Gewölbe leben. Ab und zu muß man an die frische Luft. Und der Wassermann braucht besonders viel frische Luft. Sein Freiheitsgefühl kann so weit gehen, daß er sogar gezüchtete Blumen als Beengung empfindet. Eine Binse kann für ihn die schönste Blume sein. Der Stier braucht Orchideen, um sich zu begeistern.

Der Wassermann ist wie der Vogel, der Zentren meidet und sich nur an der Peripherie niederläßt, um gleich wieder wegfliegen zu können. Aus diesem Grunde hat der Wassermann eine Abneigung gegen geschlossene Räume und geschlossene Fenster, überhaupt gegen Grenzen. Jede Grenze verstärkt in ihm den Drang, schnell wieder wegzufliegen.

Der Wassermann läßt sich höchstens an der Peripherie des Stiers nieder. Wenn der Stier ihn einfängt, gleicht der Wassermann einem Vogel im Käfig. Sobald der Käfig nur einen spaltbreit geöffnet wird, fliegt er weg.

Wassermann und Zwillinge

Wassermann und Zwilling gehören beide zu den Luftzeichen. Das Element haben sie also gemeinsam. Die Art der Nutzung ist jedoch unterschiedlich. Der Zwilling bleibt mit beiden Beinen auf der Erde. Er benutzt die Luft zum freien Atmen. Sie vermittelt ihm das Gefühl der Freiheit und Beweglichkeit. Der Wassermann hat dagegen kein besonderes Verhältnis zu seinen Geh- und Stehwerkzeugen. Er fliegt über Konturen, Grenzen und Zentren hinweg. Man sieht das schon daran, daß er sein Schuhwerk modisch verspielt auffaßt und dabei nicht an weite und beschwerliche Wege denkt. Dagegen hat der Zwilling feste Schuhe. Er besitzt immer mehrere Paare, wobei die modische Eleganz keine Rolle spielt. Und genau da liegt, innerhalb der Gemeinsamkeiten, der ausgleichende Gegensatz.

Der Zwilling ist bestens geeignet, den Wassermann in gere-

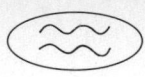

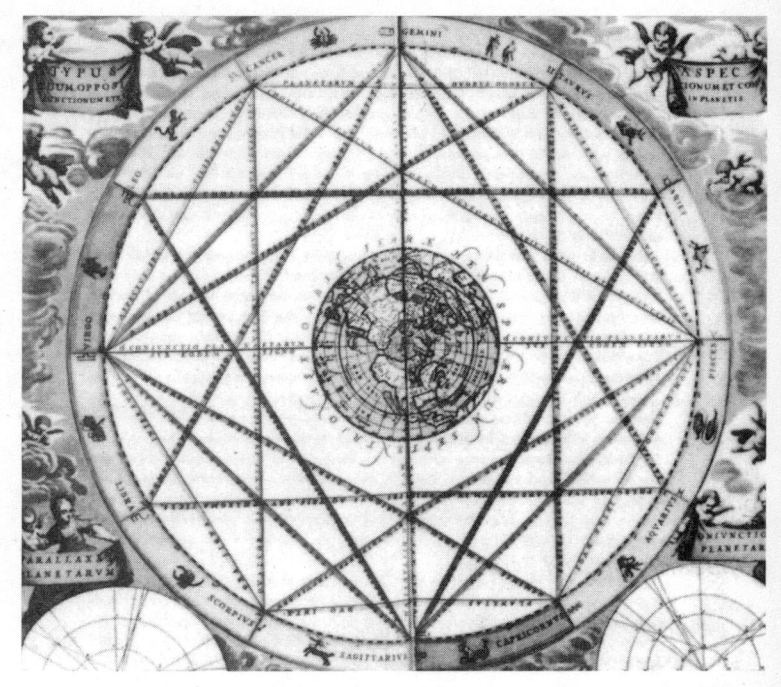

Das geozentrische astrologische Universum, holländische Karte aus dem 17. Jahrhundert

gelte Bahnen zu lenken, in ein geregeltes Umweltverhältnis oder wenigstens in eine gewisse Beziehung zur offiziellen Realität zu bringen, weil sich für den Zwilling die Ordnung auf geometrischen Flächen in der Gegenwart vollzieht. Der Wassermann kann das akzeptieren, weil er dabei nicht durch inhaltlich verdichtete Maßstäbe festgehalten wird. Beiden Zeichen liegt wenig an einer inhaltlichen Auseinandersetzung oder gar Anpassung an die Umwelt. Die innere Unabhängigkeit bleibt ihnen erhalten. Beide belassen sich gegenseitig im Selbstverständnis ihres Verhaltens. Keiner muß sich verbiegen. Deshalb bedarf es auch keiner Alarm-Signale, wie sie bei Fehlsteuerungen durch Zwänge der Umwelt oft auftreten. Wie der Zwilling den Wassermann in geregelte Bahnen zu lenken vermag, so kann der Wassermann den Zwilling daran hindern, in negative Extreme seines Verhaltens zu kommen. Da der Wassermann ein natürlicher Feind von Zentren und Blockierungen ist, diese neutralisiert und Dualitäten aufhebt, hält er den Zwilling immer wieder in lebendigem Fluß. Problematisch ist dabei allerdings, daß beide sehr beweglich, aufgeschlossen und zur Veränderlichkeit bereit sind. Auf die Dauer kann sich dann das Fehlen des inhaltlichen Ausgleichs mit der Umwelt gefährlich bemerkbar machen. Dieser notwendige inhaltliche Ausgleich wird aber nur durch das mittlere Luftzeichen, die Waage, repräsentiert.

Wassermann und Krebs

Engere Bindungen zwischen Wassermann und Krebs sind nicht übermäßig günstig und meistens auch nicht von Dauer.

Der Wassermann verträgt keine persönliche und räumliche Beengung. Er braucht einen großen Bewegungs-Spielraum und ist ein Feind von Zentren und Begrenzungen. Der Wassermann hat die Aufgabe, Verhärtungen, Blockierungen und Verknotungen zu sprengen, um einen Bewegungsfluß zu garantieren. Deshalb ist das Lebensgefühl des Wassermanns dezentralisiert und drängt nach einem offenen Lebensraum. Dagegen symbolisiert der Krebs die Verinnerlichung, die seelische Standortsuche und Konzentration. Dieser Gegensatz zeigt sich schon an Kleinigkeiten. Der Krebs liebt den geschlossenen Raum, das geschlossene Fenster, der Wassermann das offene Fenster, die offene Tür, die Schwelle. Es gibt wohl keinen Wassermann-

Dichter, der nicht den Platz am Fenster besungen hätte. Der Wassermann ist wie ein Vogel, der sich nach der Weite sehnt.

Die Streitfrage zwischen Krebs und Wassermann über zuviel oder zuwenig Frischluft hat tiefere Ursachen. Wenn auch vor allem junge Krebse vom spontanen Einfallsreichtum, von der Agilität und Abenteuerlust des Wassermanns angezogen werden, so läßt doch die Faszination bald nach, denn das Verlangen des Krebses nach seelischer Identifizierung mit dem Partner läßt sich in der Beziehung zu einem Wassermann nicht verwirklichen. Die große Anhänglichkeit und seelische Dichte des Krebses beengt den Wassermann und vertreibt ihn. Wenn sich ein Krebs von einer solchen Beziehung Ewigkeitswert erhofft, bleibt die Enttäuschung sicher nicht aus. Hat jedoch der Krebs-Partner selbst einen Wassermann- beziehungsweise Luftzeichen-Aszendenten, dann sind die Aussichten für eine dauerhafte Verbindung etwas günstiger.

Wassermann und Löwe

Die Zeichen Wassermann und Löwe liegen sich im Tierkreis gegenüber. Es zeigt sich hier wieder einmal die gegensätzliche Ähnlichkeit, die zu Ergänzung und Ausgleich führen kann.

Der Wassermann gehört zu den Luftzeichen. Das erste Luftzeichen, der Zwilling, führt in die Dualität. Das zweite Luftzeichen, die Waage, versucht einen Ausgleich der Dualität, und der Wassermann schließlich führt aus der Dualität heraus. Es ist die regulative Aufgabe des Wassermanns im Tierkreis, Unterschiede aufzuheben und Zentren und Blockierungen zu neutralisieren. Auch in der astrologischen Homöopathie kommt dem Wassermann (und seinem Mittel Phosphorus) hemmungslösende Bedeutung zu, gerade auch im Gemütsleben. Dies alles drückt sich im Habitus des Wassermanns aus. Er ist empfindlich gegen jede Beengung, jede Zentrierung und

Das Verhältnis der Tierkreiszeichen zueinander, Darstellung von 1624

Verankerung und rettet sich bei diesbezüglicher Belastung wie etwa Auseinandersetzungen in eine überlegene Neutralität. Gleich einem Vogel hebt er sich empor, von Ordnungs- und Planungszentren wenig beeindruckt, zum Teil aussichtslos, aber auch unverbindlich und beziehungslos. Sein Gemüt ist für Beengungen und seelische Belastungen nicht gebaut. Eher ist von einer gläsernen Zerbrechlichkeit des Gefühls zu sprechen. Deshalb liebt der Wassermann im Denken und in seinen Ansichten das Image der Stärke. Dieses Image trägt er auch gern in seinem täglichen Habitus zur Schau, etwa, wenn er burschikos wirkt oder in seiner Kleidung den legeren Abenteuer-

Look bevorzugt, den breiten Gürtel der Stärke trägt, oder sich, wie es in Bayern heißt »vogelwild« gibt. Deshalb ist er auch vom Löwen fasziniert, dessen kraftvolles Selbstverständnis geradezu auf Lebensbewältigung und Auseinandersetzung angewiesen ist.

Das bisweilen nervöse Grundgefühl des Wassermanns wird durch den Löwen beruhigt. Die innere Konstitution wird durch die Selbstverständlichkeit des Löwen stabilisiert, ohne daß Formzwänge, Prinzipien oder Maßstäbe zu Beengungen führen. Der Löwe wiederum gewinnt durch den spielerischen Ideenreichtum und das starke Assoziationsvermögen des Wassermanns an Raum und Luft und damit einen erweiterten Aktionsradius, ohne seinerseits durch den Wassermann eingeengt zu werden. Beide ergänzen sich nach dem Prinzip: Idee und Durchführung.

Die Verhaltenseigenschaften, die dem Grundgefühl beider entsprechen, sind folgerichtig gegenseitig entsprechend, ausgleichend und ergänzend. So ist denn auch die gegenseitige Anziehung von Anfang an gegeben. Das unruhige und sprunghafte Denken des Löwen sieht sich durch den Wassermann bestätigt, während der Stolz und die Unabhängigkeit des Löwen im Denken des Wassermanns leitbildhafte Bedeutung haben.

Fazit: Idee und Aktion sind in harmonischer Weise verbunden.

Wassermann und Jungfrau

Laut astrologischer Einsicht dürften sich, jedenfalls dem Geburtstag nach, Jungfrau und Wassermann kaum verstehen. Sie haben so wenig Verständnis füreinander, daß es noch nicht einmal zur Ignoranz reicht. Nun gibt es allerdings im Spiel der Planeten noch mehr Kräfte, die zu Gunsten oder zu Ungunsten einer Verbindung aussagen und deshalb eine Beziehung zwischen Jungfrau und Wassermann durchaus aufleben lassen können. Dennoch ist aber nicht zu übersehen, daß der Geburtstag allein, also der bloße Sonnenstand, im Signum des Verhaltens steht. Das Verhalten ist es, das die Verbindung mit der Umwelt herstellt und sich möglicherweise täglich mit ihr konfrontiert.

Der Wassermann ist seinem Selbstverständnis nach ein Zentrumsflüchter. Als das dritte Luftzeichen führt der Wassermann den Menschen aus der Dualität, hebt ihn gleich einem Vogel über Zentren empor und läßt ihn überregionale Zusammenhänge ahnen. Inzwischen steht die Jungfrau mit beiden Beinen auf der Erde und ist gerade damit beschäftigt, ein angemessenes Verhältnis zur Realität herzustellen. In partnerschaftlicher Verbindung würden sich beide stören, in ihrem jeweiligen Selbstverständnis und damit im Sicherheitsrevier ihrer Anlagen leben zu können. Realität kann dort, wo sie nicht hingehört, genauso schädlich sein wie Utopie.

Ähnlich konträr wie das Grundgefühl des Erlebens ist bei beiden auch das Verhalten mit seinen einzelnen Eigenschaften. Bestimmend ist in jedem Falle, daß der Wassermann die unüberschaubare Weite des Himmels braucht. Dorthin wird er bei Verunsicherung immer flüchten. Die Jungfrau braucht das überschaubare Revier. Sie wird es bei Verunsicherung nie verlassen.

Den Unterschied sieht man schon an den Schuhen, die Jungfrau liebt solides Schuhwerk, höchstens einmal mit zusammenhaltenden Spangen verziert, der Wassermann liebt verspielte Schuhe, mit Quasten und allen möglichen sonstigen Formen, die man zum Gehen nicht braucht.

Wassermann und Waage

Wassermann-Waage-Verbindungen gelten seit alters her als harmonisch. Beide sind Luftzeichen. In Planetenbildern ist es eine Verbindung von Uranus und Venus, eine Verbindung des Spiels der Erotik.

Das Element Luft ist beiden gemeinsam, so daß die Verhaltensgrundlage, auf Umwelt orientiert zu sein, schon einmal eine Gemeinsamkeit bildet. Der Standort beider ist Bewegung. Der Wassermann verfügt aber über wenig eigenen Antrieb dazu. Er läßt sich von außen anmuten und kommt über die Reaktion zum Handeln. Fehlen die Außenreize, so fehlt die Motivation. Es beginnt dann die Bewegung am Ort, das ausweglose Kreisdenken.

Die Waage ist für den Wassermann Therapie, ohne ihn zu beengen, zu verplanen oder festzulegen, denn auch sie ist für Bewegung, vor allem für die der anderen. Weil sich die Lebendigkeit der Waage in Denkimpulsen vollzieht, wird sie für den Wassermann so etwas wie der Kundschafter, der Interessenreize heranträgt. Sie wird zum Motivations- und Ideenträger. Sie selbst findet andererseits im Wassermann einen Partner, der ihre Denkenergie ins Handeln umsetzt, so daß beide den Ausgleich ihrer Schwächen finden, gemeinsam ein Mehr an Leben bekommen.

Die Verhaltensmodalitäten des täglichen Lebens entsprechen bis zu den kleinsten Einzelheiten diesem Grundmuster, so daß die gegenseitige Harmonie als Startkapital für eine gute Verbindung bürgt. Problematisch kann für beide auf lange Sicht eine uferlose Außenweltbezogenheit vor allem dann werden, wenn sich das Schwergewicht zu sehr von innen nach außen verlegt.

Neuere Fassung einer mittelalterlichen französischen Darstellung der zwölf Tierkreiszeichen in Verbindung mit den jeweils dazugehörigen landwirtschaftlichen Tätigkeiten. In der Mitte eine alte Sonnenuhr.
1. *Der Widder mit Rebstockpflege und Verschneiden der Bäume und Sträucher.*
2. *Der Stier mit dem Schneiden des ersten Grüns für die Maifeier.*
3. *Die Zwillinge mit der Falkenjagd.*
4. *Der Krebs mit der Heuernte.*
5. *Der Löwe mit dem Mähen des Getreides.*
6. *Die Jungfrau mit dem Dreschen des Getreides,*
7. *Die Waage mit dem Keltern des Weins.*
8. *Der Skorpion mit der Aussaat für das nächste Jahr.*
9. *Der Schütze mit der Schweinemast.*
10. *Der Steinbock mit dem Schlachtfest.*
11. *Der Wassermann mit dem Festmahl zu Ehren des zweigesichtigen römischen Gottes Janus.*
12. *Die Fische mit dem Ausklang der winterlichen Ruhezeit.*

69

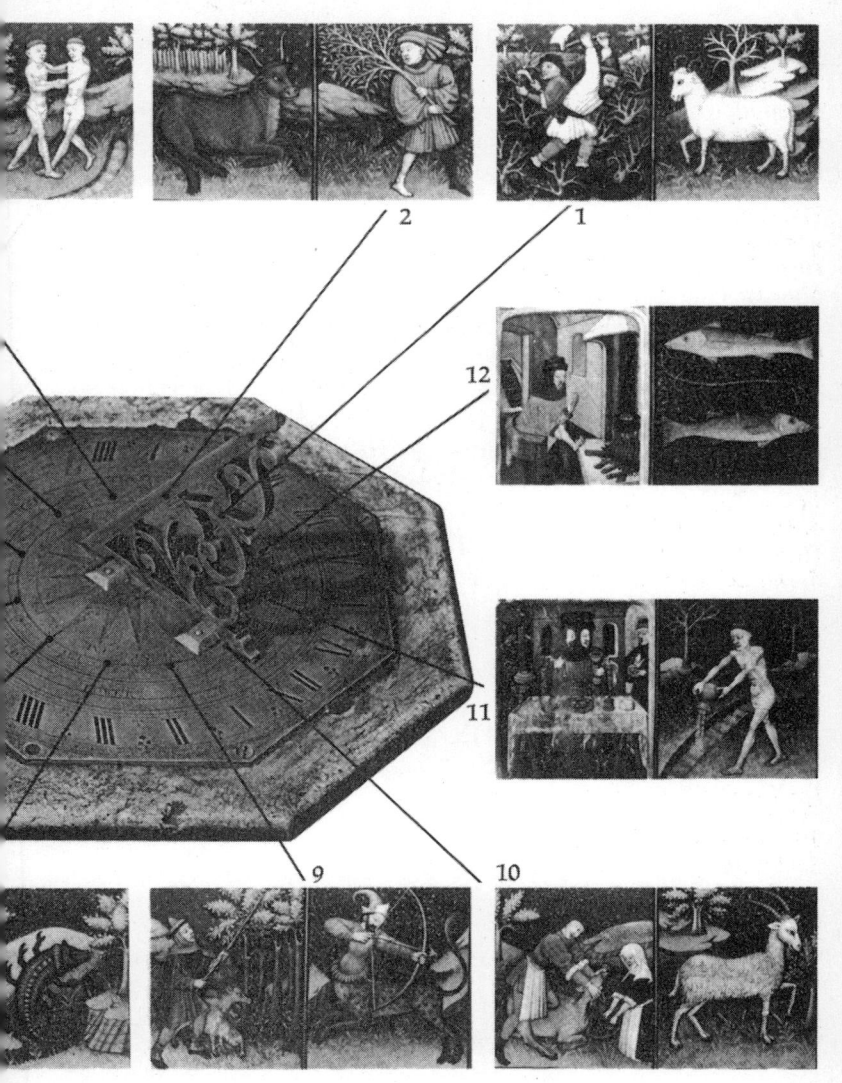

Wassermann und Skorpion

Nach der astrologischen Regel sollten die Verhaltensweisen von Skorpion und Wassermann nicht zueinander passen. Vielfach kann jedoch hier der jeweilige Aszendent (Geburtsstunde) ausgleichen.

Im allgemeinen stehen hier Urrudimente gegeneinander. Das zeigt sich schon im Verhältnis zu Türen und Fenstern, auch im übertragenen Sinne. Der Wassermann, das Urrudiment des Vogels, ist verständlicherweise für offene Türen und Fenster. Er ist Frischluftfanatiker, der die Sauerstoffzufuhr für seine Konstitution dringend braucht. Er sucht die offene Tür ebenso wie die Öffnungen des Lebens.

Ein Skorpion kann Zugluft nicht ertragen. Sie würde seine feinmaschigen und geordneten Denkfäden stören. Er liebt die geschlossenen Räume, ein abgegrenztes Revier. Unabgeschlossene Bereiche und offen gebliebene Situationen erträgt er nicht, nicht einmal im Detail. Schon offen gelassene Zahnpasta-Tuben reizen ihn.

Allein in diesem Punkt, der schon vollauf für Streitigkeiten genügt, spiegeln sich die Unterschiede der jeweiligen Urerfahrung.

Hinzu kommt, daß der Wassermann motiviert und bewegt werden will, er will Reize gesetzt bekommen, auf die er reagieren kann, aber keineswegs will er geformt werden, – da greift der Skorpion in die Luft.

Wassermann und Schütze

Eine Verbindung zwischen Wassermann und Schütze ist nach allen Regeln der Astrologie höchst aussichtsreich. Meist wird es so sein, daß, gleichgültig ob männlich oder weiblich, der Wassermann die dominante Rolle spielt.

Was hier so besonders günstig ist, das ist die Kombination von Antrieb und Bereitschaft. Der Wassermann hat von sich aus kein Ziel, keine Bewegung, er läßt sich anziehen und abstoßen, ist von sich aus absichtslos. Er ist wie eine Kugel auf einer Ebene in einem labilen Ruhezustand, fähig und bereit zu rollen. Das gibt ihm aber gerade die Möglichkeit nach allen Seiten. Er hat ein großes Spektrum, einen großen Ausschnitt, die Fähigkeit, unvoreingenommen zu assoziieren, zu kombinieren und die weite Welt als Möglichkeit in sich zu tragen.

Der Schütze ist der Antrieb. Er motiviert sich und auch den Wassermann durch Denkziele. Damit erlöst er den Wassermann aus der Ruhestellung der reinen Möglichkeiten, die ja auf die Dauer auch zur Selbstzermürbung wird, und bekommt dafür freudiges Echo, aber auch eine Ausweitung seiner Phantasie, seiner Ideen und damit neue Zufuhr von Handlungs- und Zielmotivationen. Beide verstehen sich im Revier des Denkens, Planens und Abenteuerns. Und nachdem der Schütze auch noch handelt, dürfte nichts den allgemeinen Wohlklang der Verbindung stören.

Wassermann und Schütze befruchten sich, auch in geschäftlichen Beziehungen, außergewöhnlich. Sie verstehen sich beinahe nahtlos, und nicht selten ergeben sich aus solchen Verbindungen Neuerungen und Neuentwicklungen, vielfach fehlen bisweilen die Grenzen des Saturn, die sich dann ganz natürlich von außen setzen, – das Gleichgewicht wieder herstellen.

Bei dieser Grundlage der Verhaltensentsprechung sind auch die einzelnen Eigenschaften im täglichen Leben durchaus ergänzend: eine Verbindung mit besten Voraussetzungen.

Wassermann und Steinbock

Eine Verbindung von Wassermann und Steinbock ist in der Symbolik der Astrologie in etwa die Explosion. Das stellt sich im Leben etwa so dar: Der Verhaltenstrieb des Steinbocks verdichtet, diszipliniert, schafft Zentren. Der Wassermann wiederum ist der Blockadebrecher des Tierkreises. Er hat die Aufgabe Zentren und Blockierungen aufzuheben, wenn nötig, aufzubrechen. Was Wassermann und Steinbock normalerweise miteinander verbindet, ist die Aufgabe, sich gegenseitig in Schach zu halten. Inwieweit dies freilich zu einer friedlichen Koexistenz führen kann, ist höchst fragwürdig und letztlich von der Geburtsstunde beziehungsweise vom Aszendenten abhängig.

Die Kontroverse zwischen Steinbock und Wassermann äußert sich im gegenseitigen Verhalten in genügender Weise bis in Kleinigkeiten. Dort, wo der Wassermann als Frischluftfanatiker Fenster und Türen öffnet, wird sie der Steinbock mit

Die Planeten Merkur, Mars und Saturn vor dem Herrn des All-Lebens, deutsche Buchillustration um 1542

seiner Erkältungsempfindlichkeit schließen. Dort, wo der Steinbock ein festumrissenes Gedankengebäude baut, wird es der Wassermann von außen betrachten. Beide sind darauf angewiesen, Impulse vom Partner zu empfangen, beide können sich also weder Anreiz noch Antrieb sein.

Der Steinbock wird sich in diesem Fall mehr und mehr seinem äußeren Ziel verschreiben, wird sich Interessengebilde aufbauen, an denen schließlich und letztlich der Wassermann nicht teilhat. Der Wassermann, unzufrieden und unverstanden, wird sich seinerseits Anreize von außerhalb holen. Entfernung und Entfremdung werden sich kaum vermeiden lassen. Zwischendurch werden sich aber mehr und mehr Reibungs- und Spannungsflächen ergeben.

Fazit: Wenn die Geburtsstunde beziehungsweise der Aszendent nicht etwas grundsätzlich anderes aussagt, dann ergibt es im Höchstfall ein Remis.

Wassermann und Wassermann

Die Verbindung gleicher Zeichen, und damit auch von Wassermännern, ist immer etwas problematisch. Die gleichen Verhaltensmodalitäten stehen sich gerade hier im Wege. Beide beanspruchen den gleichen Platz im gemeinsamen Lebensschiff, das dadurch Schlagseite bekommt. Das Problem dabei ist, daß die Motivation, das Ziel fehlt. Ein Wassermann läßt sich immer durch die Anreize der Umwelt bewegen, so, wie sie gerade fallen. Das gibt dann einen Zickzack-Kurs der Interessenlage und endet bisweilen in der Irrfahrt oder in der Stagnation, in der Kreisbewegung. Daß dann, in der Flaute, die täglichen und alltäglichen Verhaltensweisen immer eine gespanntere und unausgewogenere Atmosphäre herbeiführen, ist beim besten eigenen Willen nicht zu verhindern.

Die Wassermann-Verbindung untereinander scheint eher

problematisch zu sein. Es wird hier in besonderem Maße darauf ankommen, inwieweit die Geburtsstunde, also der Aszendent, auszugleichen oder zu begünstigen vermag.

Wassermann und Fische

Wassermann und Fische dürften sich gegenseitig kaum zu größeren seelischen Aktivitäten herausreizen lassen. Sie leben in verschiedenen Elementen, was dem einen bekommt, ist Gift für den anderen.

Im Wasserzeichen Fische liebt man die gleichmäßige, gleitende Bewegung, bisweilen das Verharren an gleicher Stelle. Fluchtrevier ist der unermeßliche Raum des Hintergrunds, in den der Fisch bis zur Ungreifbarkeit entschwinden kann. Ein Fisch ist im Grunde seines Wesens besinnlich und beschaulich, und er läßt das Leben wie einen Film an sich vorüberziehen.

Im Luftzeichen Wassermann symbolisiert sich die Welt der Vögel. Im unermeßlichen Raum der Lüfte, in den oberen Regionen liegt das Sicherheitsrevier, von dem aus die Anreize des Lebens tief unten reflexartig aufgenommen und zur Motivation des Lebens werden. Ein Wassermann braucht viel Leben, viel Abwechslung und Bewegung, um zu seinem vollen Lebensgefühl zu kommen.

Allein schon hierin liegt das Ausschließende für das tägliche Einmaleins des Lebens. Man wird sich mißverstehen, gegenseitig irritieren und sich im jeweiligen Selbstverständnis des Lebens gar nicht begreifen. Dort, wo der eine direkt dem Leben zugewandt und auf dem Sprung ist, wird der andere indirekt und abwartend reagieren. Weil beide friedlich und versöhnlich sind, wird es auf die Dauer zu einer stillen Entfremdung kommen. Insgesamt eine nicht gerade zu empfehlende Kombination, wobei natürlich Ausnahmen, gerade wenn sich die Geburtsstunden ergänzen, durchaus möglich sind.

Der Wassermann in den zwölf Häusern

Trotz der gleichen Verhaltensgrundlage ist nicht Wassermann gleich Wassermann; das wissen Sie selbst. Wir wollen Sie deshalb noch ein Stückchen näher an Ihren astrologischen Platz heranführen. Eine allgemeine Kurzcharakteristik soll Sie mit den zwölf Zeitstationen des Tages vertraut machen. Diese Stationen der astrologischen Häuser entsprechen auch den Stationen der Tierkreiszeichen. Das eine ist der persönliche Lebenskreis, das andere ist der der Gesamtheit, in der das Eigenleben eingefügt ist.

Wir versuchen, die einzelnen Stationen vereinfacht wie in einem Baukastensystem darzustellen, damit das Ganze leicht verständlich und mühelos nachvollziehbar ist. Selbstverständlich kann es sich nur um ein reduziertes Grundschema handeln, denn zu einer grundsätzlichen Deutung gehört auch die Einbeziehung der Planeten, und die sind bei jedem Menschen anders über den Tierkreis verteilt. Aber schon die Tages-Station der Sonne läßt ein Grundbild erkennen.

Wir gehen gemäß der Schule der Münchner Rhythmenlehre folgendermaßen vor:

Aszendent: Das Zeichen, das am Aszendenten steht, ergibt sich aus der Geburtsstunde. Sie können das unseren Schemahoroskopen jeweils entnehmen oder auch nach den Tabellen auf Seite 120 – 128 errechnen.

Der Aszendent ist die Grenze der Zeit. Hier finden sich die Gestalten der Geschehen, die sich anschicken, in der Mitte der Zeit Gegenwart zu sein. Die Reihe der Tierkreisbilder, synonym zu den Häusern, zeigt den Weg der Zeit auf.

Die Sonne ist das Geschehen selbst, sie zeigt die Ebene auf, in der sie sich als Geschehen vollziehen will, um, wie im Märchen, davon erlöst zu sein, es sein zu müssen.

Mit dem Aszendenten beginnt das zwölfte Haus, das dem

Bild des Fisches entspricht. Hier herrschen die Meeresgötter, die das Geschehen aller Gegenwarten in sich tragen und deshalb vielgestaltig sind, – sie sind alle Gestalten zugleich. Das sind die Gestalten des noch Ungeschehenen, dessen Bild der Fisch ist, das als das Ungeschehene der Welt aus den Tiefen in die Gegenwarten aufsteigt. – Die Gegenbewegung zum zwölften Haus mit dem Fisch ist das erste Haus, der Widder. Für alles Ungeschehene des zwölften Hauses werden hier im ersten Haus die Räume, die Erscheinung erobert, mit dem Trieb, alles Ungeschehene in die Erscheinung zu bringen und das Ungeschehene für die Erscheinung auszurüsten.

Aus Haus 12 wird 11 und aus Haus 1 wird 2, – Wassermann und Stier, – die Zeit entspringt und trennt sich in ihrer Gestalt heraus aus dem Ungeschehenen, – gleichermaßen formt und gliedert sich das Material zum Raum, es ist die Vorbereitung für die Formen der Ausübung als Erscheinung. In beiden ist das Bild der griechischen Mythen von der Teilung in Himmel und Erde.

Aus Haus 11 ergibt sich Haus 10, – der Steinbock, – die entsprungene Gestalt der Zeit bestimmt sich als Gegenwart, sie trägt als Gestalt des Geschehens die Bestimmung der Gegenwart in sich, die in Haus 3, – dem Zwilling, – die Regeln der Ausübung mit einschließt gemäß der vorbereiteten Formen der Erscheinung.

In Haus 9, – Schütze, – wird die Zeit gemäß ihrer Bestimmung als Gestalt zu Gebilden gefügt, – das sind im Bild die Schicksalsgöttinnen, die Moiren, die die Schicksalsfäden spinnen. Gleichermaßen finden sich in Haus 4, – dem Krebs, – die Gebilde der Zeit in der Welt. Sie entstehen aus sich, – das »In-Sich-Finden« gemäß dem althochdeutschen Begriff »Empfinden«, – im Bild die Quelle, das Fließen der Zeit wird Erscheinung.

In Haus 8, – Skorpion, – liegt das Bild der Welt in den Landschaften und Gefügen der Zeit vor, die in Haus 5, – dem Löwen, – zur Erscheinung gebracht, erschaffen werden. Das im Bild Hades, des Spenders der Gegenwarten, der sie auch versagen kann.

Im siebten Haus, – der Waage, – ist die Zeit Gestalt der Gegenwart, im Bild Aphrodite, die Göttin der gefügten Zeit, die als Göttin der Gestalt der Gegenwart aus den Wassern auftaucht und über ihre Anschauung zum Bewußtsein wird. Ihr geht im Tierkreis in Haus 6, – der Jungfrau, – Pallas Athene zur Hand, die kunstfertige und kluge, die die Bedingungen und Umstände wahrnimmt, die die Gegenwart braucht, um Erscheinung zu werden. – Das Wahrnehmen im doppelten Sinne als verbrauchen wie auch als vernehmen, – der Vernunft.

Sollten Sie ein individuelles Horoskop besitzen und somit die Möglichkeit haben, weiter unter Einbeziehung der Planeten strukturbasteln zu können, seien hier die Planeten genannt, die zum jeweiligen Aszendentenzeichen gehören:

Mars	♂	zum Aszendenten Widder =	♈
Venus	♀	zum Aszendenten Stier =	♉
		und zum Aszendenten Waage =	♎
Merkur	☿	zum Aszendenten Zwillinge =	♊
		und zum Aszendenten Jungfrau =	♍
Mond	☾	zum Aszendenten Krebs =	♋
Sonne	☉	zum Aszendenten Löwe =	♌
Pluto	◯	zum Aszendenten Skorpion =	♏
Jupiter	♃	zum Aszendenten Schütze =	♐
Saturn	♄	zum Aszendenten Steinbock =	♑
Uranus	⚨	zum Aszendenten Wassermann =	♒
Neptun	♆	zum Aszendenten Fische =	♓

Die nördliche Himmelskugel, Holzschnitt von Albrecht Dürer

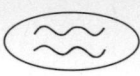

Die südliche Himmelskugel, Holzschnitt von Albrecht Dürer

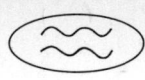

Die Stationen

Wassermann-Sonne Haus 1

Geburtszeit: etwa 5:30h – 8:00h
Sonne Haus 1 – anfangs: Aszendent Schütze
                später: Aszendent Steinbock
                  dann: Aszendent Wassermann

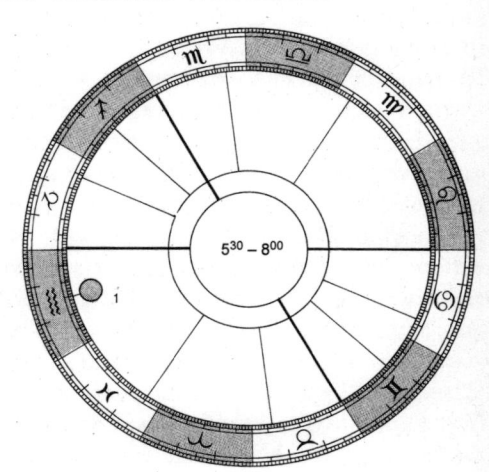

Aszendent

Beispiel:
Sonne Haus 1 mit Aszendent Steinbock:
    Karl XIV. Johann von Schweden
     alias Jean-Baptiste Bernadotte
Sonne Haus 1 mit Aszendent Wassermann:
    Francis Bacon

Im ersten Haus wird das Ungeschehene Erscheinung, und wenn die Sonne in Haus 1 ist, will sie Ungeschehenes und Liegengelassenes zur Erscheinung machen. Mit der Wassermann-Sonne führt das, was zur Erscheinung gemacht werden soll, zu einem völligen Wandel der Situation. Weil nun der Wassermann in dem, was er bringen soll, vom Fisch abhängt, und der Fisch bei Wassermann-Aszendent noch in Haus 1 ist, geht es um die Erscheinung selbst in ihrem Prinzip als Vorgang, um – mit dem Steinbock in Haus 12 – das Bestimmende der Erscheinung in ihren eigenen Vorgängen zu finden, selbst als Erscheinung bestimmend zu sein. Bei Steinbock-Aszendent mit Fisch in Haus 2 liegt die Wende zum Neubeginn in der Form des Gemeinschaftlichen, sozial respektive staatlich.

Das geschieht im einzelnen so, wie es der Planet anzeigt, der zum Zeichen des zehnten Hauses gehört. Bei Karl XIV., König von Schweden, bürgerlich Jean-Baptiste Bernadotte, Steinbock-Aszendent, ist das zehnte Zeichen im Skorpion und der zugehörige Pluto steht in Haus 12. Bernadotte war in den Revolutionskriegen zum General aufgestiegen und als Schwager Napoleons I. 1806 zum Fürsten von Pontecorvo ernannt. In der Schlacht von Wagram im Juli 1809 kam es zum Zerwürfnis zwischen Napoleon und Bernadotte, in dessen Folge Napoleon Bernadotte nach Paris zurückschickte. In diese mißliche Situation kam, in Unkenntnis des Zerwürfnisses das schwedische Angebot für die Nachfolge Karls XIII., – 1810 wurde er von den schwedischen Ständen als Kronprinz anerkannt und als Nachfolge von Karl XIII. adoptiert. Bernadotte konvertierte zum Luthertum und schloß als König 1812 ein Bündnis mit den Russen, befehligte in den Freiheitskriegen die Nordarmee und führte 1813 das Heer gegen Napoleon nach Leipzig. 1840 zwang er Dänemark zur Abtretung Norwegens. In seiner Regierungszeit leitete sich die schwedische Neutralitätspolitik ein.

Francis Bacon, Wassermann-Aszendent, hat das zehnte Zeichen im Schützen, den zugehörigen Jupiter in Haus 2.

Ursprünglich Rechtsanwalt in London, ging er in den Staatsdienst, wurde Mitglied des Parlaments und schließlich Lordkanzler. Als Philosoph ging es ihm um die große Erneuerung der Philosophie und Wissenschaft, also die »Instauratio Magna«, welche er im »Novum organum scietiarum«, auch unter dem Titel »Organon« bekannt, ausführt. Nur speziell geprüfte Fälle, wie auch durch Experiment, von denen auf das Allgemeine geschlossen würde, führten zur einzig sicheren Grundlage des Wissens. Bacon gilt als Wegbereiter der Naturwissenschaft, die sich in ihren späteren Definitionen in ihren Methoden beschreibt, also in der Art ihres Vorgehen, nicht aber sich selbst beschreibt, wodurch sie unberechenbar bleibt und unbeherrschbar, weil nur Vorgänge von Erscheinung erfaßt werden, – bei neutralisierter Zeit, – und nicht Dasein in der Bestimmtheit seiner Gestalt als Geschehen und Wachstum. Leben soll ausgeschlossen und die Welt in den Vorgängen ihrer Erscheinung beherrschbar werden. Francis Bacon drückt dies aus, wenn er meint, daß »der Zweck der Naturerkenntnis in ihrer Nutzbarmachung liege«, und er nennt diese Nutzbarmachung »die Vervollkommnung der Kultur«. In seinem Roman »Nova Atlantis« (1627) zeigt er einen technisch perfekten Zukunftsstaat. Angeregt durch die Essays Michel de Montaignes schrieb er selbst Essays mit Lebensweisheiten. In seinem politischen Werdegang wurde Francis Bacon wegen Korruption zu Gefängnis verurteilt und später vom König begnadigt.

Wassermann-Sonne Haus 2

Geburtszeit: etwa 3:15h – 5:30h
Sonne Haus 2 – anfangs: Aszendent Skorpion
                  später: Aszendent Schütze
                    dann: Aszendent Steinbock

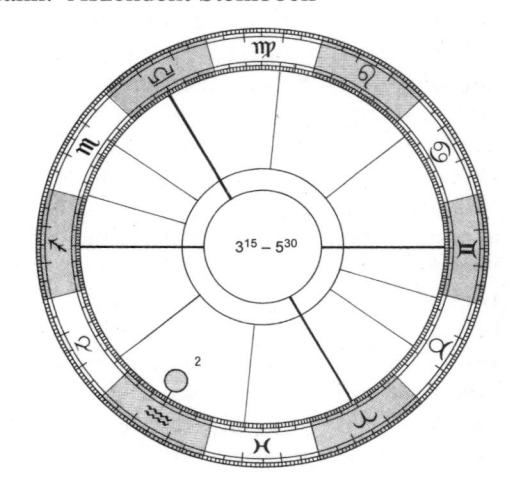

Aszendent

Beispiel:
Sonne Haus 2 mit Aszendent Schütze:
    Bertolt Brecht
    Karl V., der Weise, von Frankreich

Im zweiten Haus trennen sich Himmel und Erde. Die Erde, sich selbst überlassen, bereitet sich vor, um, vom Geschehen aufgerufen, Form der Erscheinung zu sein. Die Sonne in Haus 2 regelt die Form der Erscheinung für das Dasein, und die Wassermann-Sonne ruft zu neuen Regelungen, zu Veränderungen und Neuanfang auf. Weil aber die Wassermann-Sonne nur das in die Zeit bringt, was das Prinzip des Fischs ist, geht es, wenn Steinbock-Aszendent gegeben ist und mithin der Fisch in Haus 2, um Veränderung der Form des Sozialen wie Staatlichen als Regelung des Gemeinschaftlichen der Erscheinung. Bei Schütze-Aszendent, bei dem der Fisch schon in Haus 3 liegt, geht es um die Darstellung der Veränderung, bei Skorpion-Aszendent um die dementsprechenden Leitlinien oder Leitsätze.

Im einzelnen zeigt sich das so, wie es der Planet anzeigt, der zum Zeichen des zehnten Hauses gehört. Bei Karl V., König von Frankreich, dem »Weisen«, Schütze-Aszendent, liegt das zehnte Zeichen in der Waage, die zugehörige Venus im ersten Haus. Karl V. wurde mit achtzehn Regent durch die englische Gefangenschaft seines Vaters Johann II. Er war König ab 1364, und erneuerte während seiner Regentschaft das Finanzwesen wie das Wehrsystem, – welches eine hohe Steuerlast für die Bürger bedeutete, – ebenso wie die Staatsverwaltung und er befriedete das Land. Damit legte er die Grundmauer für die neuzeitliche Staatsordnung und brachte Frankreich auf den Weg der Hegemonie in Europa. 1370 vertrieb er nach Wiederausbruch des Hundertjährigen Krieges die Engländer aus den meisten ihrer französischen Besitzungen. Er hinterließ nicht nur ein blühendes Frankreich, sondern schuf als vielbelesener Mann eine Bibliothek, auf der die heutige Nationalbibliothek Frankreichs basiert.

Aszendent Schütze, das zehnte Zeichen in der Waage, die Venus in Haus 2, hat der Dramatiker Bertolt Brecht, eigentlich Eugen Berthold Friedrich Brecht. Er war als Regisseur und Dramaturg tätig, seit 1924 in Berlin. Er emigrierte 1933, kehrte nach dem Krieg nach Ostberlin zurück und gründete dort das »Berliner Ensemble«. Es geht bei Bertolt Brecht um den Zwiespalt zwischen Haus 3 und Haus 2, das heißt, zwischen der Ausübung und der Form, der menschlichen Freiheit und der sozialen Bindung. Bekannte Schauspiele sind »Im Dickicht der

Städte« (Uraufführung 1923), »Die Ausnahme und die Regel« (1930), »Die Rundköpfe und die Spitzköpfe« (1933), »Furcht und Elend des Dritten Reiches« (1938), »Mutter Courage und ihre Kinder« (Uraufführung 1941), »Leben des Galilei (Uraufführung 1943), »Der kaukasische Kreidekreis« (Uraufführung 1948), »Herr Puntila und sein Knecht Matti« (Uraufführung 1948), sowie die Textvorlage wie Dramaturgie der »Dreigroschenoper«, die in Zusammenarbeit mit dem Komponisten K. Weill entstand, welcher für ihn ebenso wie das Studium des Marxismus prägend war.

Wassermann-Sonne Haus 3

Geburtszeit: etwa 0:30h – 3:15h
Sonne Haus 3 – anfangs: Aszendent Skorpion
　　　　　　　　später: Aszendent Schütze

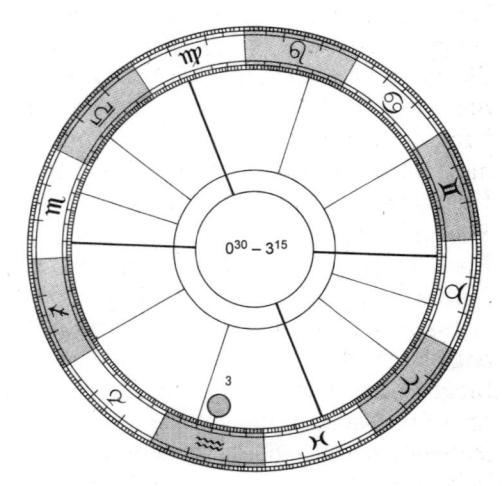

Aszendent

Beispiel:
Sonne Haus 3 mit Aszendent Skorpion:
   Stendhal, eigentlich Marie Henri Beyle
   Hugo Junkers
Sonne Haus 3 mit Aszendent Schütze:
   Thomas More
   Abraham Lincoln
   Romano Guardini

Im dritten Haus vollzieht sich die Erscheinung. Sie wird aufgerufen vom Geschehen und damit Vorgang. Eine Sonne in Haus 3 übt Vorgänge aus, vollzieht, stellt Vorgänge dar. Ist es eine Wassermann-Sonne mit einem Aszendenten Mitte bis Ende Skorpion, so legt das nahe, daß ohne den Aufruf des Daseins die Ausübungsfähigkeit der Form der Erscheinung technisch nachvollzogen und in die Bestimmtheit der Ausübungsform gebracht wird. Nun kann, im Sinne des Aufrufs des Geschehens, der Wassermann nur das entstehen lassen, was dem Fisch entspricht, und was auf den Steinbock hinzielt. Das ist bei Skorpion wie Schütze-Aszendent der Fisch in Haus 4 und der Steinbock in Haus 2, weshalb vertreten wird, daß die Ausübung der Erscheinung dem Prinzip des Daseins zu entsprechen habe, also der Bestimmtheit der Gestalt seines Wachstums wie Geschehens. Lediglich bei einem Aszendenten von Anfang Skorpion mit einem Fisch in Haus 5 und dem Steinbock in Haus 3 geht es um das Erleben selbst, um die »amoralische« Vereinzelung, die dargestellt und vertreten wird.

Im einzelnen zeigt sich das so, wie es der Lage des Planeten entspricht, der zum Zeichen des zehnten Hauses gehört, bei Stendhal, Aszendent Anfang Skorpion, ist das zehnte Zeichen im Löwen und die zugehörige Sonne in Haus 3, auf das Darstellende und Wiedergebende hinweisend. Stendhal mit bürgerlichem Namen Marie Henri Beyle, benannte sich nach dem

Geburtsort Winckelmanns, Stendal, einem Ort nahe Magdeburg. Stendhal nahm an allen Feldzügen Napoleons I. teil, ging 1814 als Einunddreißigjähriger nach Mailand, wo er sieben Jahre später durch Österreich ausgewiesen wurde. Später war er dann noch verschiedentlich Konsul in Italien. Seine Schriften befassen sich neben der Selbstdarstellung mit Abhandlungen über Musik, Malerei und Reiseeindrücken. Bekannt ist der Roman »La chartreuse de Parme«, den Stendhal beim Überlauf des zum Wassermann gehörigen Uranus im Sinne der Vereinzelung des Wassermanns schrieb. Stendhal bewundert die Renaissance-Herrscher, die herausragenden Menschen in ihrer Distanz zum Kollektiv. Zu seinen Lebzeiten eher unbekannt, wurde er unter anderem von Friedrich Nietzsche geschätzt, – beide verband der »Kathedralismus« des Sonne-Pluto.

Der Flugzeugkonstrukteur Hugo Junkers, Aszendent Skorpion, hat das zehnte Zeichen in der Jungfrau, den zugehörigen Merkur in Haus 2, technisch auf den Apparatebau hinweisend. Daß es Gas- und Flugapparate waren, ist das Luftzeichen Wassermann, durch das technisch die Bewegung des Himmels und die Herrschaft der Vögel zur Erscheinung werden. Hugo Junkers war ein Pionier des Flugzeugbaus, er gründete 1889 eine Versuchsanstalt für Gaskraftmaschinen, entwickelte den Gasbadeofen und war von 1897 bis 1912 Professor für Wärmetechnik in Aachen. Er entwickelte 1907 den Doppelkolbenmotor, den späteren Schwerölflugzeugmotor. 1910 konzipierte er das Nurflügelflugzeug und 1916 die erste Ganzmetallverkleidung für Flugzeuge, die noch heute in der Zeit der Überschallgeschwindigkeit anwendbar ist. 1916 baute er das erste Verkehrsflugzeug der Welt, die »F 13«, ein Tiefdecker mit freistehenden Tragflächen, einer viersitzigen Kabine und großzügigen Fenstern. Die Idee zum ersten Tiefdecker mit dem ersten ganzmetallverkleideten Flugzeug wurde von der Fachwelt verlacht. Man hielt diese Konstruktionen für flugunfähig. Bis heute bekannt ist die »Ju-52«, als »Tante Ju« bekannt, die bis weit nach dem Krieg noch als Verkehrsflugzeug in Südamerika diente, und das einzige Flugzeug war, mit dem Hugo Junkers je flog.

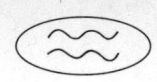

1913 gründete er die Junkers-Motorenbau GmbH und 1919 die Junkers-Flugzeugwerke AG in Dessau. Nachdem Hugo Junkers sich 1933 weigerte, seine Werke für die Rüstung zur Verfügung zu stellen, wurden seitens der Nationalsozialisten Versuche unternommen, ihn und das Werk zu unterwandern. In einem Schreiben dokumentiert sich, daß Hermann Göring sich angeboten hat, sein Assistent zu werden, was Hugo Junkers entschieden ablehnte. Er wurde dann 1934 entmachtet, bekam Hausarrest, wozu die Nationalsozialisten etwa dreißig Gestapo-Beamte aufwandten, um den inzwischen Fünfundsiebzigjährigen zu überwachen. Die Flugzeugwerke wurden verstaatlicht. Hugo Junkers mietete sich daraufhin ausgedehnte Kellerräume, um für den zu erwartenden Zusammenbruch Fertighäuser zu konstruieren. Er starb 1935.

Hugo Junkers

Hugo Junkers Maxime war die »eigenwirtschaftliche Forschung«, – davon ausgehend, daß Teilergebnisse der Forschung den Ertrag für die weitere Finanzierung bringen müßten, um durch Fremdmittel oder Subventionen die Entwicklung nicht verfremden und entarten zu lassen.

Der Humanist Thomas More hat Schütze-Aszendent, das zehnte Zeichen in der Jungfrau und den dazugehörigen Merkur in Haus 3. Sir Thomas More war nach einer beinahe dreißigjährigen politischen Laufbahn englischer Lordkanzler (1529) und Freund von Heinrich VIII. Als Heinrich VIII. die Rechtsungültigkeit der zwanzigjährigen Ehe mit Katharina von Aragon gegen die Verweigerung des Papstes durchsetzen wollte, kam es zur Kirchenspaltung und zur Einführung der Englischen Staatskirche. Als das Parlament die Gültigkeit der Ehe mit Katharinas Nachfolgerin Anna Boleyn beschließen sollte, verweigerte Thomas More den Eid auf den König als gleichzeitiges Oberhaupt der Kirche von England, den Suprematseid. Er wurde daraufhin am 6. Juli 1535 hingerichtet.

Abraham Lincoln hat Schütze-Aszendent, das zehnte Zeichen in der Jungfrau und den zugehörigen Merkur in Haus 3. Lincoln entstammt einer Grenzer- wie Quäkerfamilie, und er arbeitete, ehe er 1836 Advokat wurde, als Matrose, Gehilfe eines Kaufmanns und als Bauernknecht. Er durchlief die Mitgliedschaft in Parlament und Kongreß von Illinois, brachte es bei den Republikanern zu einem schnellen Aufstieg und wurde 1861, mit zweiundfünfzig Jahren, der sechzehnte Präsident der Vereinigten Staaten. Die rasche Erschließung des amerikanischen Westens brachte Ungleichgewichte zwischen Nord- und Südstaaten, die anhand der Sklavenfrage in den Sezessionskriegen aufbrachen. Lincoln führte als Präsident die Nordstaaten zum Sieg gegen die Südstaaten, hob per Dekret 1863 die Sklaverei auf. Er wurde nach dem Krieg während einer Theateraufführung durch einen fanatisierten Südstaatler ermordet.

Abraham Lincoln wollte das Recht und die Eigenständigkeit des einzelnen gegen den Übergriff kollektiver Regelungen schützen und drückt es selbst wie folgt aus: »Ihr werdet die Schwachen nicht stärken, indem ihr die Starken schwächt. Ihr werdet denen, die ihren Lebensunterhalt verdienen müssen, nicht helfen, indem ihr die ruiniert, die sie bezahlen. Ihr werdet keine Brüderlichkeit schaffen, indem ihr Klassenhaß schürt. Ihr werdet den Armen nicht helfen, indem ihr die Reichen ausmerzt. Ihr werdet mit Sicherheit in Schwierigkeiten kommen, wenn ihr mehr ausgebt, als ihr verdient. Ihr werdet kein Interesse an den öffentlichen Angelegenheiten und keinen Enthusiasmus wecken, wenn ihr dem einzelnen seine Initiative und seine Freiheit nehmt. Ihr könnt den Menschen nie auf die Dauer helfen, wenn ihr für sie tut, was sie selber für sich tun sollten und könnten.«

Der Jesuit und Priester Romano Guardini hat Schütze-Aszendent, das zehnte Zeichen in der Jungfrau und den zugehörigen Merkur in Haus 3. Romano Guardini hatte 1925 eine Professur in Breslau mit Vorlesungen in Berlin inne, wurde 1939 zwangsemeritiert. Nach dem Krieg, 1945, lehrte er in Tübingen, und von 1948 bis 1963 in München. Seine Vorlesungen über Hölderlin, Rilke, wie über die Situation des modernen Menschen in einem Wissenschaftsstaat waren überfüllt. Ihm zu Ehren besteht noch heute an der Münchner Universität ein »Romano Guardini Lehrstuhl«.

Guardini machte deutlich, »daß die Industriegesellschaft nur durch den isolierten Menschen bestehen könne, deshalb alles tun werde, um den Menschen zu isolieren«. Und später sagte er: »Der Mensch steht wieder vor dem Chaos; und das ist um so furchtbarer, als die meisten es gar nicht sehen, weil überall wissenschaftlich gebildete Leute reden, Maschinen laufen und Behörden funktionieren«.

Wassermann-Sonne Haus 4

Geburtszeit: etwa 22:15h – 0:30h
Sonne Haus 4 – anfangs: Aszendent Waage
            später: Aszendent Skorpion

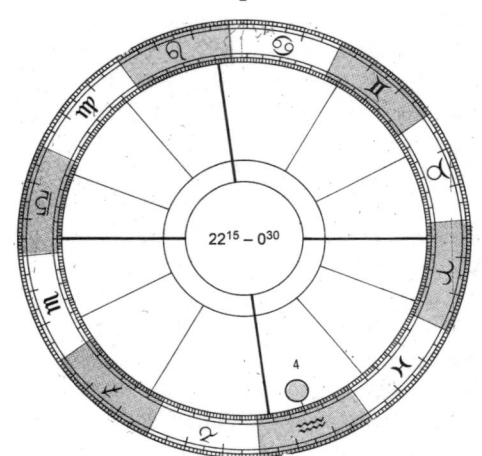

Aszendent

Beispiel:
Sonne Haus 4 mit Aszendent Waage:
    Ernst Haeckel
Sonne Haus 4 mit Aszendent Skorpion:
    Charles Dickens

Im vierten Haus steigt das Geschehen auf als Fließen der Zeit, das Erscheinung aufruft und zurückläßt gleich den Ufern des Flusses. Es ist das Empfinden als »In-Sich-Finden« und die Sonne darin hilft Empfinden hochzubringen, in sich eine Heimat findend. Die Wassermann-Sonne, die vom Fisch abhängt und auf den Steinbock hinzielt, hat den Fisch bei Aszendent

Waage wie Skorpion im fünften Haus, den Steinbock in Haus 3, weshalb es für sie darum geht, das Prinzip des Geschehens in der Form seiner Erscheinung zu finden, es demgemäß darzustellen und zu dokumentieren. Es liegt dabei nahe, die Herkunft als Vorgang direkt begreifen zu wollen, also das Bestimmende der Herkunft als Vorgang zu sehen.

Im einzelnen zeigt sich das, wie es die Lage des Planeten anzeigt, der zum Zeichen des zehnten Hauses gehört. Bei Ernst Haeckel, Waage-Aszendent, ist dies der Löwe und die zugehörige Sonne steht in Haus 4. Ernst Heinrich Haeckel war Naturforscher, zunächst als Mediziner Assistent bei Virchow, später Professor der Zoologie in Jena. Ursprüngliches Forschungsgebiet waren die niederen Meerestiere. Er war ein Anhänger Darwins und Wallaces, in deren Weiterführung er das biogenetische Grundgesetz formulierte, »nach dem jedes Lebewesen vor der Geburt in abgekürzter Form die Stammesgeschichte wiederholt«. Haeckel ging von einer Urzeugungstheorie aus.

Der Schriftsteller Charles Dickens, Skorpion-Aszendent, hat das zehnte Haus im Zeichen Löwe, die Sonne in Haus 4. Er mußte wegen finanzieller Schwierigkeiten des Vaters zeitweise die Schule verlassen. Er war dann Anwaltsgehilfe, Gerichtsreporter, Parlamentsstenograph, schließlich Reporter der »Morning Chronicle«. Charles Dickens arbeitete unermüdlich, bisweilen an mehreren Romanen gleichzeitig. Seine Vorliebe wie Zuneigung galt den »Originalen«, – den Vereinzelten, – in der Beschreibung von Herkunft und Milieu. Sein Lieblingswerk, in dem auch Autobiographisches verarbeitet ist, ist »David Copperfield«.

Wassermann-Sonne Haus 5

Geburtszeit: etwa 19:15h – 22:15h
Sonne Haus 5 – anfangs: Aszendent Jungfrau
              später: Aszendent Waage

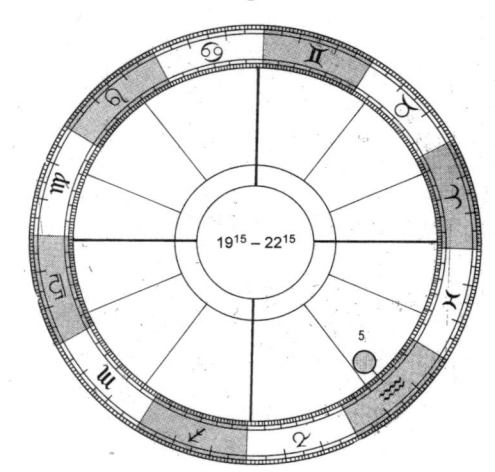

Aszendent

Beispiel:
Sonne Haus 5 mit Aszendent Jungfrau:
  Wolfgang Amadeus Mozart
  Felix Jakob Mendelssohn-Bartholdy
Sonne Haus 5 mit Aszendent Waage:
  Charles Maurice de Talleyrand

Das fünfte Haus ist das Leben selbst, wie es aus sich Geschehen ist und Erscheinung hervorruft. Die Sonne in Haus 5 ist demnach erschaffend, und die Wassermann-Sonne erschaffend wie schöpferisch. Nun kann der Wassermann nur das entstehen lassen, was der Fisch in seinem Prinzip frei gibt, und er muß mit dem Freigegebenen den Steinbock anzielen. Mit einem Jungfrau-Aszendent ist der Fisch in Haus 7 und der Steinbock in Haus 5, was besagt, daß das Bestimmende der Zeit wiedergegeben und zum öffentlichen Bild wird. Das ist im Wassermann das Thema der Bewahrung des einzelnen gegen das Kollektiv, das heißt, die Wassermann-Sonne in Haus 5 ist immer dann und immer dort aufgerufen, wo das Kollektiv das einzelne hindert oder ausschaltet. Ist ein Aszendent Waage gegeben, so ist der Fisch in Haus 6, der Steinbock in Haus 4. So ist auch hier das Thema die Bewahrung des einzelnen, seiner Empfindungswelt wie Herkunft gegen Kollektive, hier im Sinne öffentlichen Wirkens, und zwar unabhängig von den äußeren Umständen und ihren Veränderungen.

Im einzelnen geschieht dies so, wie es der Planet anzeigt, der zum Zeichen des zehnten Hauses gehört. Bei Wolfgang Amadeus Mozart, eigentlich Joannes Chrysostomos Wolfgangus Theophilus, ist der Aszendent Jungfrau, das zehnte Zeichen im Zwilling und der zugehörige Merkur in Haus 5. Der Vater, Leopold Mozart, ein Skorpion, nutzte die Begabung seiner Kinder Wolfgang und Anna, und führte diese als klavierspielende Wunderkinder, bei Wolfgang Amadeus Mozart auch als Wunderkind im Komponieren, an den europäischen Musikmetropolen vor. Mozart kam als Sechsjähriger auf Konzertreisen unter anderem auch nach Frankfurt, wo ihn der vierzehnjährige Goethe hörte. Mit dem Siebenjährigen unternahm der Vater eine dreijährige Konzertreise durch das gesamte Europa, Mozart wurde mit dreizehn Konzertmeister in Salzburg, anfangs unbesoldet, später auf halbem Sold. Er erledigte mehrere Opernaufträge, komponierte in allen Gattungen. Als Fünfzehnjähriger versuchte er bei einem mehrmonatigen Aufenthalt in Wien eine Stellung zu finden, ergebnislos, und wurde auch von Maria Theresia abgewiesen. Als ihm der Salzburger Erzbischof bei einer weiteren Konzertreise den Urlaub verweigerte, fuhr Mozart mit seiner Mutter trotzdem. Seine Mutter starb in Paris, Mozart kehrte nach Salzburg zurück, wo es zum Bruch mit dem Erzbischof kam, so daß Mozart als freier Musiker nach Wien ging. Er wohnte dort bei der Mutter von Aloysia Weber, in die er sich bei früheren Konzertreisen verliebt hatte, heiratete dann aber deren jüngere Schwester Konstanze, die so schlecht wirtschaftete, daß ständige Geldnöte gegeben waren. Hinzu kam, daß für seine Kompositionen Spottpreise geboten wurden, sich die Aufträge nicht bezahlt machten und die Schüler weniger wurden. Gegen Ende seines Lebens, er war an der Arbeit der »Zauberflöte«, bestellte ein unbekannter Mann unter mysteriösen Umständen bei Mozart ein Requiem. Wie sich nach dem Tode Mozarts herausstellte, hatte es ein Mann, ein Beauftragter des Grafen Franz Walsegg zu Stuppach bestellt, welch letzterer die Absicht hatte, das Werk unter seinem Namen aufführen zu lassen, was dann auch nach Fertigstellung durch Süßmayr 1793 geschehen sein soll. Mozarts Begräbnis fand bei einem Schneetreiben statt, die Grabstelle war nicht mehr auffindbar.

Mozart war von Kindheit an als Kinderstar in Kollektive gezwungen, – das Startum ist ein Teil des Kollektivs und entsteht in seiner Folge. Mozarts Musik spiegelt es wider, wenn Melodien oder auch nur die freie Bewegung der Töne noch aus der Erinnerung hochsteigen, von Unruhe begleitet und den Holzbläsern der Hirten beschworen, jäh von Panik unterbrochen durch kollektive Akkordschläge, die den Laut ersticken.

Jakob Ludwig Felix Mendelssohn-Bartholdy hat Aszendent Jungfrau, das zehnte Zeichen im Zwilling und den zugehörigen Merkur in Haus 6. Mendelssohn-Bartholdy wurde als Sohn einer reichen Bankiersfamilie geboren, er erhielt zusammen mit seiner Schwester Fanny von der Mutter ersten Klavierunterricht, trat mit neun Jahren erstmals als Pianist auf, und komponierte zwischen elf und sechzehn Jahren Kammer- wie

Orchestermusik. Mit zwölf Jahren wurde er Goethe in Weimar vorgestellt. Seine unübertroffene Ouvertüre zum »Sommernachtstraum« komponierte er bereits mit siebzehn Jahren. Bekannt sind des weiteren die »Hebriden-Ouvertüre« und die »Lieder ohne Worte«. Mit dreißig Jahren wurde er von König Friedrich Wilhelm IV. von Preußen zum Generalmusikdirektor ernannt. Er erlag achtunddreißigjährig einem Gehirnschlag.

Waage-Aszendent, das zehnte Zeichen im Krebs, den zugehörigen Mond in Haus 9, hat Charles Maurice de Talleyrand, Fürst von Benevent, Herzog von Talleyrand-Périgort und seit 1815 neapolitanischer Herzog von Dino. Talleyrand wurde Geistlicher, seit 1788 war er Bischof von Autun. Er wurde Mitglied der Generalstände von 1789, schloß sich der Nationalversammlung an und trat für Reformen ein. Unter anderem beantragte er die Einziehung der Kirchengüter zur Tilgung der Staatsschulden, leistete gleichzeitig den Eid auf die Zivilkonstitution des Klerus. Er wurde deshalb von Papst Pius VI. mit dem Bann belegt, wurde 1792 Botschafter in London, dabei des Kontakts mit Ludwig XVI. verdächtigt, so daß er nach einem Aufenthalt in den USA erst 1796 nach Frankreich zurückkehrte. Von 1797 bis 1799 war er Außenminister des Direktoriums, – das nach dem Sturz Robbespierres als Exekutive eingesetzt wurde, – unterstützte den Staatsstreich Napoleons vom 8./9. November 1799 und war dann Außenminister bis 1807, wo er, gemeinsam mit Fouché in geheimer Opposition zurücktrat. Nach dem Sturz Napoleons förderte er auf dem Wiener Kongreß die Stellung Frankreichs in Europa, war wiederum Außenminister unter Ludwig XVIII., bis dessen Mißtrauen ihn zum Rücktritt zwang.

Wassermann-Sonne Haus 6

Geburtszeit: etwa 17:00h – 19:15h
Sonne Haus 6 – anfangs: Aszendent Löwe
              später: Aszendent Jungfrau

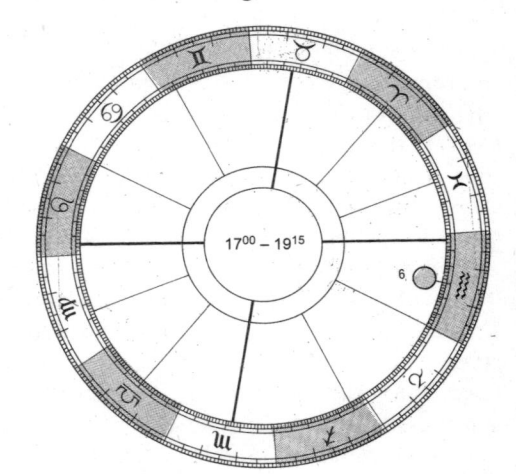

Aszendent

Beispiel:
Sonne Haus 6 mit Aszendent Löwe:
    Georg Trakl
Sonne Haus 6 mit Aszendent Jungfrau:
    Thomas Bernhard

Im sechsten Haus ist die Wahrnehmung angelegt, und zwar die Wahrnehmung hinsichtlich der Umstände und Bedingungen, die das Leben braucht, um sich in seiner Eigenart zu erhalten. Die Sonne in Haus 6 will deshalb alle Veränderungen, die in den Bedingungen und Umständen liegen, wahrnehmen, bewußtmachen, und sich ihrer vergewissern. Die Sonne in

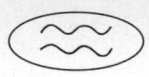

Haus 6 wird deshalb zum in der Wahrnehmung empfindlichen Warner. Sie hängt in dem, was sie aufgreift, vom Fisch ab, und in dem, worauf sie hinzielt, vom Steinbock. Der Fisch steht nun bei Löwe- wie Jungfrau-Aszendent Haus 7 oder 8, der Steinbock in Haus 5, so daß die Wassermann-Sonne erschaffend wird, indem sie das Bild der Zeit wiedergibt, mit all den Gefahren, die in ihr liegen und in ihren Umständen schlummern. Dabei mag bei Jungfrau-Aszendent der Trieb zum Warnen stärker sein als bei Löwe.

Wie das im einzelnen geschieht zeigt sich an dem Planeten, der zum Zeichen des zehnten Hauses gehört. Bei Georg Trakl, Löwe-Aszendent, ist das zehnte Zeichen im Stier und die zugehörige Venus ist in Haus 7. Georg Trakl studierte Pharmazie in Salzburg, machte dort seine ersten Drogenerfahrungen, und wurde von 1912 bis 1914 Militärapotheker in der Garnison Innsbruck. 1914 zog er als Garnisonsapotheker mit in den Krieg, wobei die Eindrücke, die er, unter anderem in der Verwundetenpflege in der Schlacht bei Gródek erlitt, zum Zusammenbruch führten. Er starb an einer Überdosis Kokain im Krakauer Garnisonsspital. Georg Trakl gilt als einer der bedeutendsten Frühexpressionisten deutscher Sprache. Das Bedrohliche kommt bei ihm aus den Ansammlungen und Verdichtungen, den Kollektiven, – dem kalten Licht der Städte, ihrem Dickicht, in dem das Böse haust. Trakl bewegen düstere Visionen, das Unheil, das er kommen spürt. Seine Sprache ist hymnisch an Hölderlin angelehnt.

Thomas Bernhard, das zehnte Zeichen im Zwilling, der zugehörige Merkur in Haus 5, österreichischer Schriftsteller wie Dramatiker, ist in den Niederlanden geboren und kehrte mit vierzehn Jahren in sein Ursprungsland Österreich zurück. Er machte eine Lehre als Lebensmittelhändler, war daraufhin Gerichtsreporter und Bibliothekar in London, und studierte dann mit zwanzig bis dreiundzwanzig Jahren Musik in Salzburg. Am dortigen Mozarteum machte er dann auch Studien in Dramaturgie und Regie. Er beschreibt, im Ausgangspunkt gleich Georg Trakl, das Bild der Zeit und ihrer Zustände, beschreibt in bittern Monologen Außenseiter, zeigt Bilder ohne Hoffnung voller Schwermut.

Mittelalterliche Weltvorstellung nach Nikolaus von Cusa, Holzschnitt um 1530

Wassermann-Sonne Haus 7

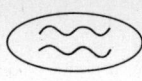

Geburtszeit: etwa 15:30h – 17:00h
Sonne Haus 7 – anfangs: Aszendent Krebs
                später: Aszendent Löwe

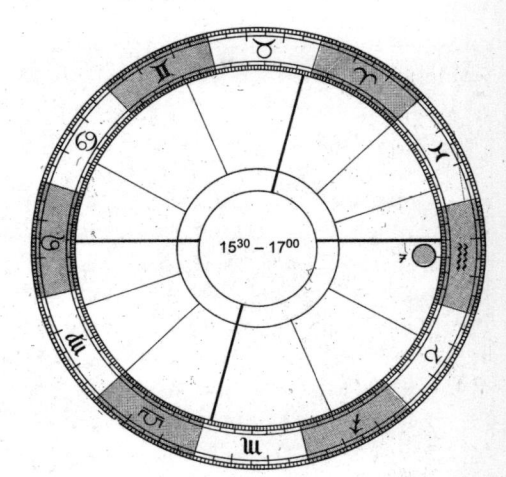

Aszendent

Beispiel:
Sonne Haus 7 mit Aszendent Löwe:
    Hedwig Courths-Mahler

Das siebte Haus ist die Mitte der Zeit, ist die Gegenwart in den Gestalten ihrer Gefüge, so wie sie zum Geschehen werden. Die Sonne in Haus 7 steht zu Diensten dieser Gefüge, der »gute Hirte«, mit dem Drang, im Bewußtsein der Gegenwart ordnend und vermittelnd tätig zu sein. Nun hängt die Wassermann-Sonne davon ab, was der Fisch bringt, und was er im Steinbock anzielt. Bei Krebs-Aszendent ist der Fisch in Haus 10, der Steinbock in Haus 7, was besagt, daß die Bestimmung in der

Gestalt ihrer Geschehen beziehungsweise ihrem Schicksal in das Bewußtsein der Zeit gebracht wird. Bei Aszendent Löwe, mit dem Fisch in Haus 8 und dem Steinbock in sechs geht es um die Veränderung von Umständen, um der Bestimmung beziehungsweise des Schicksals des Einzelnen willen.

Das geschieht im einzelnen so, wie es der Planet anzeigt, der zum Zeichen des zehnten Hauses gehört. Bei Hedwig Courths-Mahler, Löwe-Aszendent, ist das zehnte Zeichen im Stier und die zugehörige Venus steht in Haus 5. Die Mutter war Krankenhausköchin und der Vater – Hedwig Courths-Mahler hat ihr zehntes Haus auf dem Mars-Pluto dieser Schlacht – ist bei Königgrätz gefallen. Das Kind kam zu fremden Leuten, wurde dort vernachlässigt wie geprügelt, kam dann in weitere Pflege, in ein geregeltes Leben. Sie wurde Verkäuferin, las viele Romane und schrieb ab siebzehn selbst welche. Insgesamt waren es zweihundert Romane, die eine Gesamtauflage von siebenundzwanzig Millionen erreichten. In Thüringen geboren lebte sie bis zum Zweiten Weltkrieg in Berlin, nach dem Zweiten Weltkrieg kaufte sie sich einen Bauernhof und lebte daselbst in Rottach-Egern.

Courths-Mahler ertrug den Spott der Literaturkritik mit Humor und meinte auf die Frage, warum sie so erfolgreich sei, »Ich habe das Happy-End erfunden«. Hedwig Courths-Mahler war Star und damit Zeichen herrschender Kollektive, deren kollektive Verhinderung sie zur Erscheinung brachte.

Wassermann-Sonne Haus 8

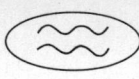

Geburtszeit: etwa 14:15h – 15:30h
Sonne Haus 8 – anfangs: Aszendent Krebs
                    später: Aszendent Löwe

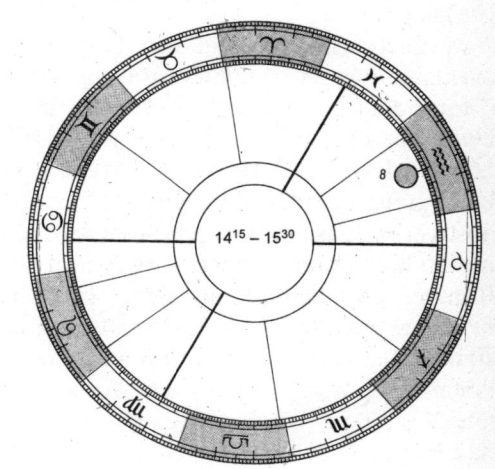

Aszendent

Beispiel:
Sonne Haus 8 mit Aszendent Krebs:
    George Gordon Noel Byron, 6. Baron

Im achten Haus liefert Hades aus dem Unsichtbaren die Gegenwart aus, spendet und versagt sie, je nachdem, ob das Maß der Gestalt des Gewachsenen verlassen wird oder nicht. Die Sonne in Haus 8 ist ein Wegbereiter für das Bewußtsein der Gegenwart, und die Wassermann-Sonne versucht, in der »amoralischen« Vereinzelung, das Bild der Befreiung in das Bewußtsein der Gegenwart zu bringen. Die Wassermann-Sonne in Haus 8 ist deshalb immer zuständig, wenn die Gestalten des

Gewachsenen in ihrem Dasein und Geschehen von den Zwängen der Kollektive, die ohne Dasein nur als Vorgänge von falsch und richtig Erscheinung sind, befreit werden wollen. Der Löwe-Aszendent mag dabei mehr auf die direkte Erlebniswelt hinzielen, der Krebs-Aszendent mehr auf das Dasein der Empfindungswelten.

Im einzelnen geschieht dies so, wie es der Planet anzeigt, der zum Zeichen des zehnten Hauses gehört. Das ist bei Lord George Gorden Noel Byron bei Krebs-Aszendent im zehnten Haus das Zeichen Fische mit einem zugehörigen Neptun in Haus 5, was ihn als Erschaffenden ausweist. Lord Byron verlor den Vater früh, wurde von der Mutter aufgezogen und erbte im Alter von zehn Jahren von seinem Großonkel ein Vermögen samt Titel. Er lebte verschwenderisch wie ausschweifend, von Unruhe getrieben, und war in seinen schwämerischen, gefühlsbetonten wie exzentrischen Schriften ein Idol der Jugend seiner Zeit, ein Zeichen ihrer Verdrängung werdend, in einer Zeit, in der das Bestimmungslose im Vorgang des Sozialen Erscheinung wurde.

Wassermann-Sonne Haus 9

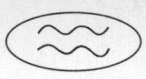

Geburtszeit: etwa 12:30h – 14:15h
Sonne Haus 9 – anfangs: Aszendent Zwilling
             später: Aszendent Krebs

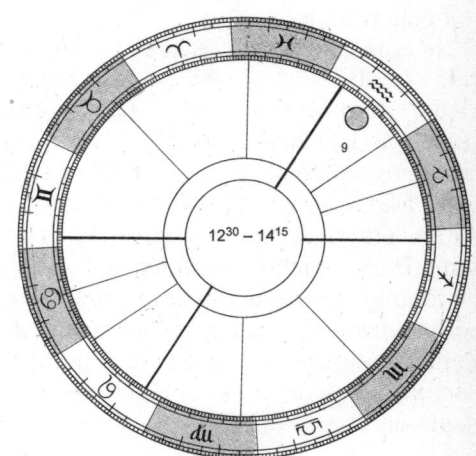

Aszendent

Beispiel:
Sonne Haus 9 mit Aszendent Zwilling:
    Jules Fernand Henri Léger
    Theodor Heuss
Sonne Haus 9 mit Aszendent Krebs:
    Franz Peter Schubert
    Carlo Carrà

Im neunten Haus fügt sich die Zeit in die Gestalt ihrer Geschehen. Insofern fügt die Sonne in 9 das Bild der Zeit, und wenn es eine Wassermann-Sonne ist, so ist sie immer dann gefragt, wenn die Fügung des einzelnen Daseins in der Gestalt seiner

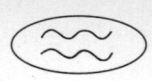

Zeit nicht mehr gewährleistet ist. Die Wassermann-Sonne fügt, mit dem Fisch in Haus 10 und 11, mit dem Steinbock in Haus 7, was Bild der Gegenwart ist. Bei Zwilling-Aszendent mit dem Wassermann in 10 geht es mehr um die direkte Darstellung des Bildhaften, bei Krebs-Aszendent mehr um das Fügen von Empfindungswelten.

Das geschieht im einzelnen so, wie es der Planet anzeigt, der dem Zeichen des zehnten Hauses zugehörig ist. Bei Fernand Léger, Zwilling-Aszendent, das zehnte Zeichen im Wassermann mit dem zugehörigen Uranus in Haus 4 weist ihn im bildnerischen Sinne als erschaffend wie schöpferisch aus. Léger, – seine Eltern waren Bauern, – ging mit sechzehn Jahren von zu Hause weg, ging bei Architekten in die Lehre, machte seinen Militärdienst und begann dann zu malen. Während des zweiten Weltkriegs war Léger in den USA, er kehrte nach dem Krieg nach Frankreich zurück. Bei Fernand Léger sind – wie im Wassermann insgesamt – die Objekte in der Geometrie des Raumes gefangen, das Leben wie Geschehen in der Gefangenschaft der Umrisse seiner Funktionen. Wie im Bild »Frau mit Kind« (1922) geht der Blick hinaus, – staunend wie erschreckt, – aus dem durch mechanistische Vorgänge verstellten Raum, inmitten gesichtsloser Vorgänge, selbst ohne Bewegung, aus der schwachen Mitte herausfallend.

Theodor Heuss, Zwilling-Aszendent, das zehnte Zeichen im Wassermann, der zugehörige Uranus in Haus 5, studierte Kunstgeschichte und Staatswissenschaften. Während der Weimarer Republik war er als Dozent an die neu gegründete Hochschule für Politik berufen, an der er bis 1933 lehrte. Während des Dritten Reiches hielt sich Heuss vom öffentlichen Leben fern. Nach dem Krieg wurde er zunächst Kultusminister von Baden-Württemberg, formulierte maßgeblich das Grundgesetz mit und war der erste Vorsitzende der 1948 gegründeten FDP. Er wurde am 12.11.1949 zum ersten Präsidenten der Bundesre-

Theodor Heuss

publik gewählt. Theodor Heuss hatte das Vertrauen der gesamten Bevölkerung. Er blieb stets auf schwäbische Art natürlich, insofern auch das Amt seine Haltung nicht veränderte und nicht zum Verhalten des Amtes machte. Er war der Präsident der Freiheit, die nur aus den Ruinen kommt.

Der Komponist Franz Schubert hat Krebs-Aszendent, das zehnte Zeichen im Fisch und den Neptun in Haus 5, das Erschaffende wie Schöpferische kennzeichnend. Franz Peter Schubert entstammte einer kinderreichen Lehrerfamilie, war mit sechzehn bis zwanzig Jahren Schulgehilfe bei seinem Vater, mit einundzwanzig und siebenundzwanzig Jahren zeitweilig Hauslehrer bei der Familie Esterházy in Ungarn. Als freischaffender Komponist versuchte er erfolglos eine Kapellmeisterstelle zu bekommen. Franz Schubert gehört zu den drei

Wassermann-Komponisten der nachhaydnschen Zeit, neben Mozart und auch Robert Schumann, der zwar Zwillings-Sonne, aber das Zeichen Wassermann im ersten Haus hat. Die anderen Komponisten der Zeit waren im Zeichen Stier geboren, oder sie hatten den Stier am Aszendenten oder auch die Sonne in Haus 2. Dieses Gegeneinander von Wassermann und Stier ist Zeichen der Zeit, in der das Zentrifugale des Wassermanns gegen das Zentripetale des Stiers steht, die Vereinzelung gegen die Übermacht gewinnende Kollektivierung des Sozialen, die den Stier braucht oder mißbraucht für die Macht des Vorgangs, der nur kollektiv sein kann, als Vorgang und Dasein verbrauchen muß, um Vorgang zu sein. Das spiegelt sich wider, wenn die freie Bewegung der Töne als Gestalt des Zeitablaufs in den kollektiven Schlägen der Akkorde als Tonkolchosen untergeht, in ihnen die Vereinzelung eingefangen wird zugunsten des Verbrauchs durch kollektive Vorgänge. Dem war Franz Schubert ausgeliefert, ebenso wie Mozart oder Schumann, sie hatten keine Chance, es sei denn, als posthume Stars des Kollektivs im nachvollzogenen Verbrauch. Mozart wie Schumann und Schubert hatten versucht, den Akkorden zu entkommen, und statt dessen die Gestalt der Zeit in ihren Verläufen der Wiederkehr, der Umkehrung, der freien Gestalt der Bewegung nachzuvollziehen. – Sie konnten sie nicht mehr finden und auch nicht artikulieren, was sie suchten. Und in dem, was ihnen unsagbar schien, ließen sie es singen. Franz Schubert starb mit einunddreißig Jahren an den Folgen eines Infekts.

Der Maler Carlo Carrà, Krebs-Aszendent, hat das zehnte Zeichen im Fisch, den zugehörigen Neptun in Haus 11. Er ist im gleichen Jahr geboren wie Fernand Léger, sieben Tage später. Deutlich in den Bildern Carràs, etwa der »Metaphysischen Muse« (1917) ist die Vereinzelung der Figuren, die Dezentralisierung des Bildraums, die Gesichtslosigkeit der Vorgänge, die als Vorgänge auf nichts zu beziehen sind, surreal.

Wassermann-Sonne Haus 10

Geburtszeit: etwa 11:00h – 12:30h
Sonne Haus 10 – anfangs: Aszendent Stier
                   später: Aszendent Zwillinge

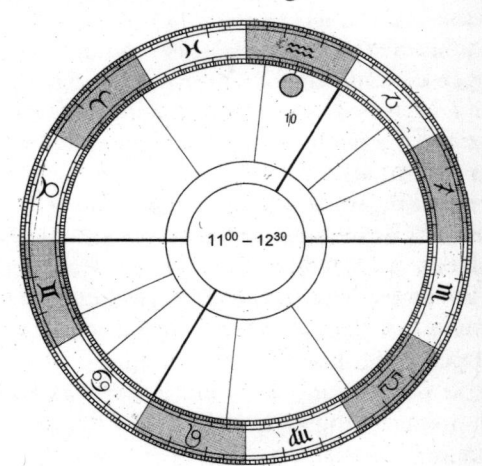

Aszendent

Beispiel:
Sonne Haus 10 mit Aszendent Stier:
    Friedrich II., der Große, König von Preußen
Sonne Haus 10 mit Aszendent Zwillinge:
    Johann Joseph von Görres
    E.T.A. Hoffmann (Ernst Theodor Amadeus)
    Jules Verne
    Adeline Virginia Woolf

Die aus dem Ungeschehenen entsprungene Gestalt der Zeit bestimmt sich als Gegenwart. Die Sonne in Haus 10 will die Bestimmung, die in den Dingen liegt, in das Bewußtsein der Zeit tragen. Weil nun im Wassermann nichts entstehen kann, was nicht aus dem Fisch kommt, und dieses auf den Steinbock hinzielt, und weil bei der Wassermann-Sonne in Haus 11 der Fisch in 12/11 liegt, der Steinbock in 10/9, so wird das in das Bewußtsein der Gegenwart gebracht, was schon auf dem Sprung in die Zeit aber noch vor der Zeit ist, – schon auf dem Weg aus dem Ungeschehenen in die Gegenwart. Bei Stier-Aszendent bezieht sich die Veränderung auf die Fragen des Zusammenlebens, der Formen des Sozialen als gemeinschaftliche Ausübung von Erscheinung, bei Zwilling-Aszendent geht es um die Darstellung dessen, was noch vor der Zeit ist, aber in die Zeit will.

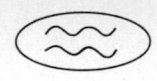

Im einzelnen geschieht dies so, wie es der Planet anzeigt, der zum Zeichen des zehnten Hauses gehört. Bei Friedrich II., König von Preußen, Stier-Aszendent, ist das zehnte Zeichen im Steinbock und der zugehörige Saturn steht in Haus 4, was ihn als erschaffenden wie schöpferischen Menschen ausweist. Tatsächlich komponierte Friedrich II. Flötenkonzerte und war ein militärischer wie politischer Schriftsteller. Als Achtzehnjähriger wollte er, im August 1730 der Strenge des amusischen Vaters entgehen, wurde bei einem Fluchtversuch nach England entdeckt, der beteiligte Freund Hans Hermann von Katte wurde in seinem Beisein hingerichtet, er selbst bekam Festungshaft in Küstrin. Friedrich II. wurde 1740, achtundzwanzigjährig König von Preußen. Seine Staatsauffassung war die des aufgeklärten Absolutismus, deren schriftliche Darlegung später von Voltaire als »Antimachiavel« betitelt wurde, – was sich im Begriff auch niederschlägt in der Zentralisierung des Stiers Machiavelli und in der Dezentralisierung des Wassermanns Friedrichs II.. Friedrich II. bezeichnet, entgegen der Auffassung von der Tradition des Gottesgnadentums die Geburt des Herrschers zufällig, aber bindend. Er bezeichnet sich aufgrund der neuen Staatsauffassung als »erster Diener seines Staates«. Die französischen Aufklärer, allen voran Voltaire bekamen in der Preußischen Akademie der Wissenschaften eine Stätte ihrer Lehre und Verbreitung ihrer Auffassungen.

Leben und Regentschaft Friedrich II. von Preußen bestimmten sich aus der Rivalität mit dem Stier Maria Theresia, der Kaiserin von Österreich, durch die er sich als Wassermann beengt und bedrängt fühlte, was letztlich zu den Schlesischen Kriegen und dem Siebenjährigen Krieg führte, wobei Preußen von den drohenden Folgen der Kriege durch den Tod Maria Theresias befreit wurde. In beiden Personen vollzieht sich in Europa das Schauspiel der beginnenden Auseinandersetzung zwischen dem untergehenden Wassermann und dem aufsteigenden Stier, zwischen dem Dasein und den den Stier mißbrauchenden Kollektiven der Vorgänge, die sich in der aufbrechenden Französischen Revolution als Vorgänge der Motive des Daseins bedienten, sich durch die Motive des Daseins begründeten, sich selbst täuschend, – dies alles schon vorbereitet im Ausgangspunkt der Regentschaft Maria Theresias, der »Pragmatischen Sanktion«.

Johann Joseph von Görres hat Zwillinge-Aszendent, das zehnte Haus im Zeichen Wassermann, den zugehörigen Uranus in Haus 1. Joseph von Görres studierte Medizin und Naturwissenschaften, wurde Lehrer, mit dreißig Jahren Privatdozent in Heidelberg, wo er germanistische Vorlesungen hielt. Dort machte er die Bekanntschaft von Clemens Brentano und Achim von Arnim. 1814 wurde er Herausgeber des »Rheinischen Merkurs«, der verboten wurde, als er sich für die Verfassung des geeinten Deutschlands unter Führung Österreichs einsetzte. Nach der Schrift »Teutschland und die Revolution« (1819) mußte er fliehen und lebte in der Schweiz und in Straßburg. 1827, mit einundfünfzig Jahren erhielt er eine Professur für Geschichte in München. Neben literarischen Arbeiten war er Herausgeber der »altteutschen Volks- und Meisterlieder« (1817).

Im gleichen Jahr, einen Tag früher geboren ist der Dichter E.T.A. Hoffmann, ebenfalls mit Zwillinge-Aszendent, das zehnte Zeichen im Wassermann und den zugehörigen Uranus in Haus 12, das Ungeschehene an der Grenze der Zeit aufspürend in den Gestalten, die noch frei von den Zwängen der Zeit sind. E.T.A. Hoffmann studierte Jura, wurde Assessor in Polen, später in Warschau, und mußte dort seine Stellung 1806, als die Franzosen einrückten, als Regierungsrat aufgeben. E.T.A. Hoffmann war in der Folge Dekorationsmaler in Bamberg, wurde dann, mit zweiunddreißig Jahren, 1808 Musikdirektor und Dramaturg in Bamberg, desgleichen später in Leipzig und Dresden, schrieb während dieser Zeit Bühnenmusik, wirkte als Opernkapellmeister, kehrte dann in seinen ursprünglichen Beruf zurück und wurde dann 1816, mit vierzig Jahren Regierungsrat am Kammergericht Berlin. Zu seinen musikalischen Hinterlassenschaften gehört die Oper »Undine« aus dem Jahre 1816, – vom Thema her schon der Hinweis auf die Wasser des Unbewußten, in denen nach alter Anschauung die Seelen wohnen, die sich melden und aus den Wassern hochsteigen, wenn sie in der Welt unerfüllt sind. E.T.A. Hoffmann läßt sie in seinen Erzählungen in den Bildern aufscheinen, herausragend davon »Die Elixiere des Teufels«. Gegen Ende seines Lebens erfaßte ihn ein schmerzhaftes Gelenkleiden, er starb 1822, sechsundvierzigjährig.

Der Visionär und Schriftsteller Jules Verne hat Zwillinge-Aszendent, das zehnte Zeichen im Wassermann und den Uranus in Haus 9, was aussagen mag, daß er selbst das noch Ungeschehene von der Grenze der Zeit in die Zeit trägt. Jules Verne war zunächst Librettist, schrieb Dramen und begann ab 1863, seinem fünfunddreißigsten Lebensjahr, mit der Veröffentlichung von Zukunftsromanen, durch die die technische Entwicklung des zwanzigsten Jahrhunderts vorweggenommen wird, – Weltraumschiffe, Flugzeuge, drahtlose Nachrichtenübertragungen und vieles mehr. In »20000 Meilen unter dem Meer« wird der Vorgang des Herausholens der Zeit aus dem Ungeschehenen zum Zeichen, wenn ein Untersee-Boot die Wasser des Unbewußten durchzieht.

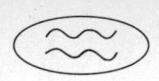

Die Schriftstellerin Adeline Virginia Woolf hat Zwillinge-Aszendent, das zehnte Zeichen im Wassermann und den zugehörigen Uranus in Haus 5, was sie als Erschaffende und Schreibende ausweist. Sie war in gebildeter Familie überwiegend privat erzogen. In ihren Romanen erreichte sie Weltruhm, besonders hervorgetreten sind »Die Fahrt zum Leuchtturm« und »Orlando«. Gemäß dem Hervorholen des Ungeschehenen, des in der Welt Unerfüllten von der Grenze der Zeit, ist sie stets versucht, die Gleichzeitigkeit darzustellen im Rahmen der Erinnerung oder des Traumes, folgerichtig daraus der Zwiespalt zwischen real und erlebt.

Ein Astrologe wiegt das Geld, das er von seinen Kunden erhalten hat, englische Zeichnung aus dem 17. Jahrhundert

Himmelsglobus von 1584

Wassermann-Sonne Haus 11

Geburtszeit: etwa 9:30h – 11:00h
Sonne Haus 11 – anfangs: Aszendent Fische
                später: Aszendent Widder
                 dann: Aszendent Stier

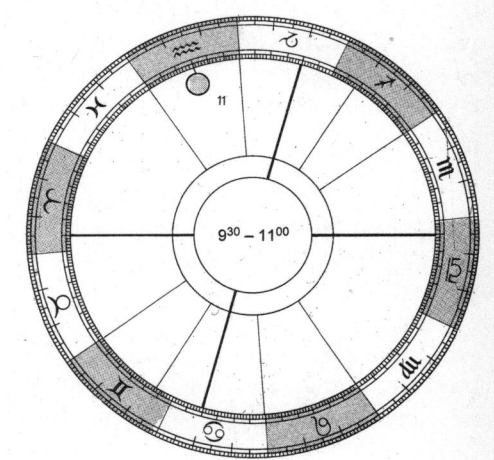

Aszendent

Beispiel:
Sonne Haus 11 mit Aszendent Widder:
    Ludwig Thoma
    Ernst Heinrich Heinkel

Im elften Haus vereinzelt sich die Zeit, steigt auf aus den Wassern als Himmel über die Erde. Und mit ihr tritt alles in das Bewußtsein der Gegenwart, was an Zeit ungeschehen blieb, alles, was Fisch blieb. Der Fisch-Aszendent bringt es durch sich selbst direkt in die Zeit, ebenso der Widder-Aszendent, allerdings aggressiver, herausfordernder. Der Stier-Aszendent schließlich richtet sich auf Versäumnisse in Form wie Ausübung des Sozialen.

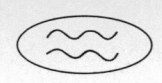

Das geschieht im einzelnen so, wie es der Planet anzeigt, der zum Zeichen des zehnten Hauses gehört. Das ist bei Ludwig Thoma, Widder-Aszendent, in Haus 10 der Steinbock, und der zugehörige Saturn steht in Haus 7, die Wirkung auf das öffentliche Bewußtsein veranschaulichend. Ludwig Thoma studierte Forstwissenschaft und Jura, gab mit zweiunddreißig Jahren die juristische Laufbahn auf, wurde Redakteur im »Simplicissimus« und verblieb dann als freier Schriftsteller und Stückeschreiber. Er schrieb Komödien und Satiren von beißender Schärfe. Auch die »Lausbubengeschichten« und »Tante Frieda. Neue Lausbubengeschichten« stammen aus seiner Feder.

Der Flugzeugkonstrukteur Ernst Heinrich Heinkel hat Widder-Aszendent, das zehnte Zeichen im Steinbock, den zugehörigen Saturn in Haus 5, – das Aufsteigen in den Himmel wurde bei ihm Erscheinung seines Verhaltens. Ernst Heinkel hatte mit dreiundzwanzig Jahren, 1911, ein erstes Flugzeug selbst gebaut, mit dem er abstürzte. 1922 gründete er die Ernst-Heinkel Flugzeugwerke in Warnemünde, die Sport-, Verkehrs- und Jagdflugzeuge hervorbrachten. Am 20. Juli 1939 startete sein erstes Raketenflugzeug, am 27. August 1939 sein erstes Flugzeug mit Turbinenluftstrahltriebwerk (He 178).

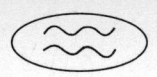

Wassermann-Sonne Haus 12

Geburtszeit: etwa 8:00h – 9:30h
Sonne Haus 12 – anfangs: Aszendent Wassermann
                  später: Aszendent Fische
                    dann: Aszendent Widder

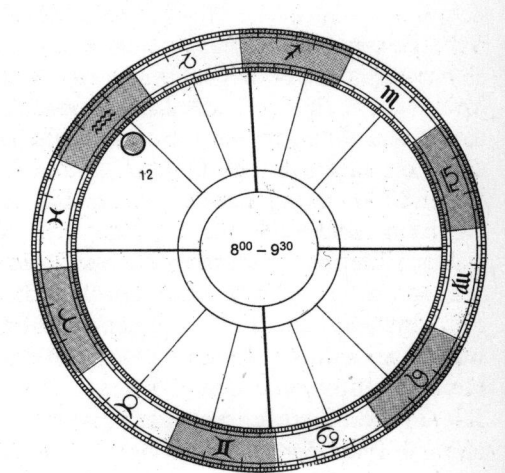

Aszendent

Beispiel:
Sonne Haus 12 mit Aszendent Widder:
    Ludwig XV., von Frankreich

Im zwölften Haus, an der Grenze der Zeit, ist das Ungeschehene und wartet auf seine Zeit. Die Sonne darin bereitet sie vor, und wenn es eine Wassermann-Sonne ist, so bereitet sie die Veränderung der Gestalt der Zeit vor, aus ihr heraus eine Veränderung des Bewußtseins. Bei Wassermann- und Fisch-Aszendent liegt die Zeit der Veränderung schon näher als bei Widder.

Es geschieht im einzelnen so, wie es die Lage des Planeten anzeigt, der zum Zeichen des zehnten Hauses gehört. Das ist bei Ludwig XV., König von Frankreich, Aszendent Widder, im zehnten Haus das Zeichen Steinbock, und der zugehörige Saturn steht in Haus 4. Ludwig XV., 1710 geboren, wurde mit fünf Jahren König unter der Regentschaft des Herzogs Philipp II. von Orléans, die bis zu seinem dreizehnten Lebensjahr bestand. Mit zwanzig Jahren heiratete er die Tochter des entthronten polnischen Königs Stanislaus I. Leszczynski, Maria Leszczynska, das Schicksal der Abdankung ins Erbe bringend. Ab seinem einundzwanzigsten Jahr bis zum achtunddreißigsten unterlag die Staatsleitung dem Kardinal de Fleury, von seinem dreiundfünfzigsten Lebensjahr an zwölf Jahre lang dem Herzog von Choiseul. Dem äußeren Machtverfall Frankreichs während seiner Regentschaft stand die kulturelle Hochblüte des Landes gegenüber. Der ursprünglich »Vielgeliebte« machte sich im Volk unbeliebt, einerseits durch den Lebenswandel, andererseits durch die Kritik der Aufklärung, deren Geist von seiner Maitresse Madame Pompadour in ihren Vertretern gefördert wurde. Als Maitresse hervorgetreten ist außerdem Madame Dubarry, die, nach dem Tode Ludwig XV. 1774, durch die Revolution 1793 hingerichtet wurde.

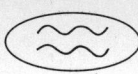

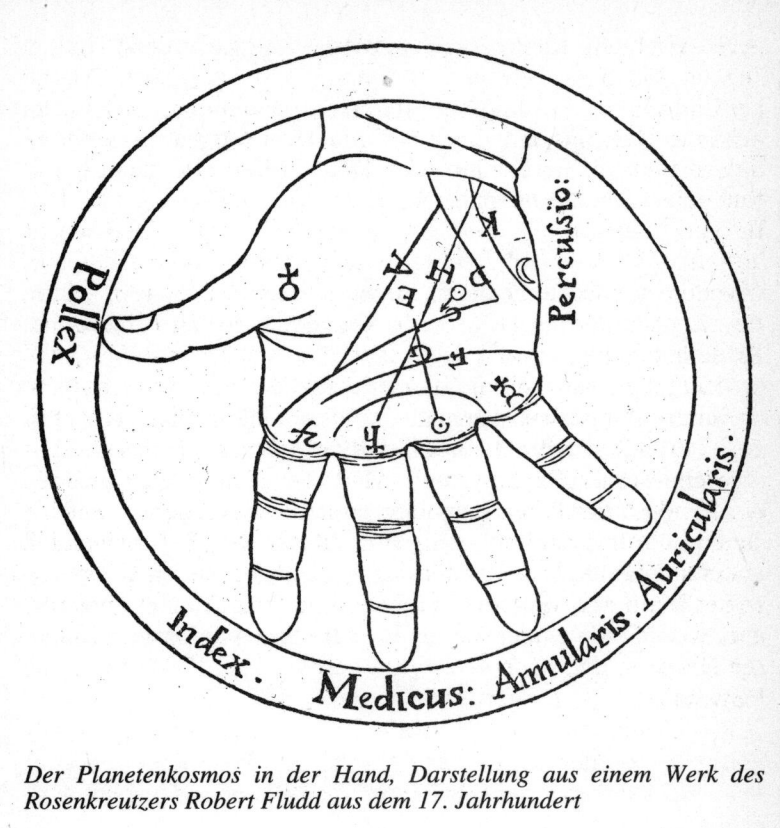

Der Planetenkosmos in der Hand, Darstellung aus einem Werk des Rosenkreutzers Robert Fludd aus dem 17. Jahrhundert

Wie errechne ich mein Aszendentenzeichen?

Der Aszendent ist dasjenige Tierkreiszeichen, das zum Zeitpunkt der Geburt am Ostpunkt des Horizonts aufsteigt. Die Grundlagen zur Berechnung des Aszendenten sind daher:
a) die Geburtszeit (bezogen auf den Geburtsort)
b) der Geburtsort

Um dem Laien einige Rechenoperationen zu ersparen, wurde die Berechnung mit Hilfe nachfolgender Tabellen vereinfacht.
Rechenvorgang:
1. Sie korrigieren mit Hilfe der Tabelle 1 Ihre Geburtszeit, indem Sie den Minutenwert für Ihre Geburtsstadt addieren bzw. subtrahieren (je nach Vorzeichen). Sollten Sie Ihren Geburtsort in der Liste nicht finden, so genügt es, wenn Sie den Wert für die nächstgelegene Stadt verwenden.
2. Die nun ermittelte Geburtszeit suchen Sie in Tabelle 2a-d (Seite 125-128) in der senkrechten Spalte auf. In der waagrechten Leiste finden Sie Ihren Geburtstag. Im Schnittpunkt der sich ergebenden Linien liegt Ihr Aszendentenzeichen.

Sommerzeit
Außerdem ist es wichtig, für die Jahre, in denen die Sommerzeit galt, von der gegebenen Geburtszeit *eine Stunde abzuziehen*. Nachstehend die Daten der *deutschen und österreichischen* Sommerzeit.

Jahr	Einführungs-datum	Ende der Sommerzeit
1916	30. April	bis 1. Oktober
1917	16. April	bis 17. September
1918	15. April	bis 16. September
1940/42	1. April 1940	bis 2. November 1942
1943	29. März	bis 3. Oktober
1944	3. April	bis 7. Oktober
1945	2. April	bis 16. September
1946	14. April	bis 7. Oktober
1947	6. April	bis 5. Oktober (davon vom 11. Mai bis 29. Juni minus 2 Stunden)
1948	18. April	bis 3. Oktober
1949	10. April	bis 2. Oktober (Ostzone bis 18. November)
1980	6. April	bis 28. September
1981	29. März	bis 27. September
1982	28. März	bis 26. September
1983	27. März	bis 26. September
1984	25. März	bis 30. September
1985	31. März	bis 29. September
1986	30. März	bis 28. September
1987	29. März	bis 27. September
1988	27. März	bis 29. September
1989	26. März	bis 24. September
1990	25. März	bis 30. September
1991	31. März	bis 29. September
1992	29. März	bis 27. September
1993	28. März	bis 26. September
1994	27. März	bis 25. September
1995	26. März	bis 24. September

Jahr	Einführungs-datum	Ende der Sommerzeit
1996	31. März	bis 27. Oktober
1997	30. März	bis 26. Oktober
1998	29. März	bis 25. Oktober
1999	28. März	bis 31. Oktober
2000	26. März	bis 29. Oktober
2001	25. März	bis 28. Oktober
2002	31. März	bis 27. Oktober
2003	30. März	bis 26. Oktober
2004	28. März	bis 31. Oktober
2005	27. März	bis 30. Oktober
2006	26. März	bis 29. Oktober
2007	25. März	bis 28. Oktober
2008	30. März	bis 26. Oktober
2009	29. März	bis 25. Oktober
2010	28. März	bis 31. Oktober
2011	27. März	bis 30. Oktober
2012	25. März	bis 28. Oktober
2013	31. März	bis 27. Oktober
2014	30. März	bis 26. Oktober
2015	29. März	bis 25. Oktober
2016	27. März	bis 30. Oktober
2017	26. März	bis 29. Oktober
2018	25. März	bis 28. Oktober
2019	31. März	bis 27. Oktober
2020	29. März	bis 25. Oktober
2021	28. März	bis 31. Oktober
2022	27. März	bis 20. Oktober
2023	26. März	bis 29. Oktober
2024	31. März	bis 27. Oktober
2025	30. März	bis 26. Oktober

Tabelle 1

Aachen	−	15 min.	Heidelberg	−	5 min:
Augsburg	+	4 min.	Jena	+	6 min.
Berlin	+	14 min.	Kassel	−	2 min.
Bonn	−	11 min.	Kiel	+	1 min.
Braunschweig	+	2 min.	Köln	−	12 min.
Bremen	−	5 min.	Königsberg	+	42 min.
Breslau	+	28 min.	Konstanz	−	3 min.
Chemnitz	+	12 min.	Leipzig	+	10 min.
Danzig	+	34 min.	Lübeck	+	3 min.
Dresden	+	15 min.	Magdeburg	+	7 min.
Düsseldorf	−	13 min.	Mainz	−	7 min.
Essen	−	12 min.	Mannheim	−	6 min.
Frankfurt/M.	−	5 min.	München	+	6 min.
Frankfurt/O.	+	18 min.	Nürnberg	+	4 min.
Freiburg i.B.	−	9 min.	Regensburg	+	8 min.
Halle	+	8 min.	Saarbrücken	−	12 min.
Hamburg		0 min.	Stuttgart	−	3 min.
Hannover	−	1 min.	Würzburg		0 min.

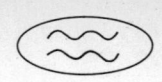

Tabelle 1a

Wichtige Städte in der Schweiz und in Österreich

Schweiz:		Österreich:	
Basel	− 10 min.	Bregenz	− 1 min.
Bern	− 10 min.	Graz	+ 22 min.
Brig	− 8 min.	Innsbruck	+ 6 min.
Chur	− 2 min.	Linz	+ 17 min.
Genf	− 16 min.	Salzburg	+ 12 min.
Lausanne	− 14 min.	Wien	+ 25 min.
Lugano	− 5 min.	Klagenfurt	+ 12 min.
Luzern	− 7 min.	Villach	+ 15 min.
Neuenburg	− 13 min.		
Schaffhausen	− 6 min.		
St.Gallen	− 3 min.		
Zürich	− 6 min.		

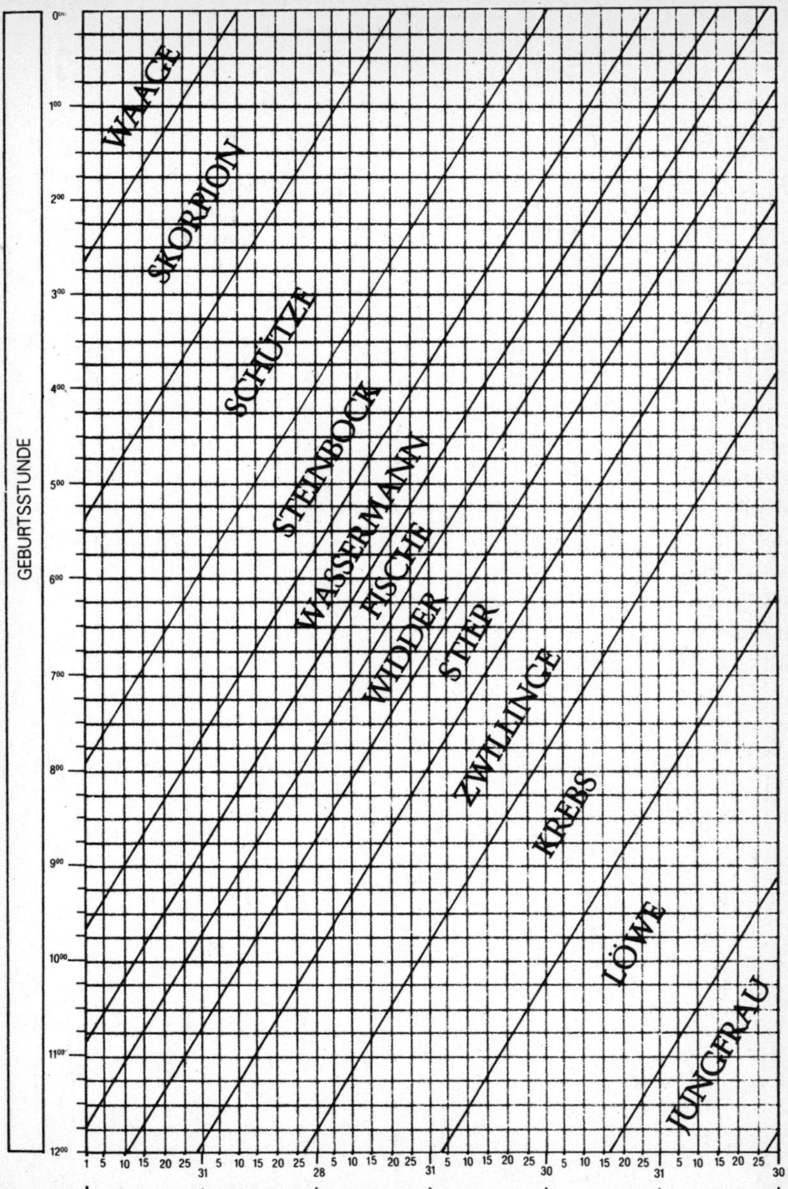

GEBURTSSTUNDE
0⁰⁰
1⁰⁰
2⁰⁰
3⁰⁰
4⁰⁰
5⁰⁰
6⁰⁰
7⁰⁰
8⁰⁰
9⁰⁰
10⁰⁰
11⁰⁰
12⁰⁰
WAAGE
SKORPION
SCHÜTZE
STEINBOCK
WASSERMANN
FISCHE
WIDDER
STIER
ZWILLINGE
KREBS
LÖWE
JUNGFRAU
1 5 10 15 20 25 31
5 10 15 20 25 28
5 10 15 20 25 31
5 10 15 20 25 30
5 10 15 20 25 31
5 10 15 20 25 30
JANUAR
FEBRUAR
MÄRZ
APRIL
MAI
JUNI
GEBURTSTAG

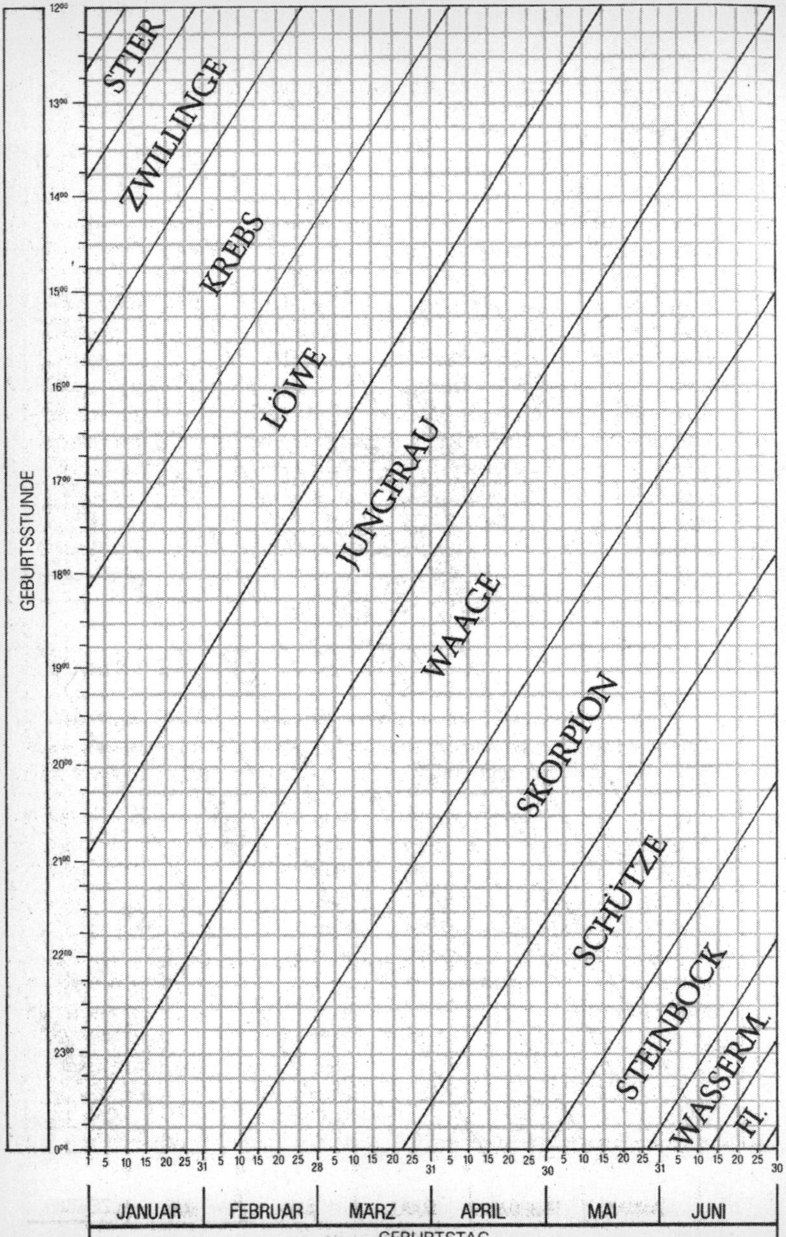

GEBURTSSTUNDE
12⁰⁰
13⁰⁰
14⁰⁰
15⁰⁰
16⁰⁰
17⁰⁰
18⁰⁰
19⁰⁰
20⁰⁰
21⁰⁰
22⁰⁰
23⁰⁰
0⁰⁰
STIER
ZWILLINGE
KREBS
LÖWE
JUNGFRAU
WAAGE
SKORPION
SCHÜTZE
STEINBOCK
WASSERM.
FI.
1 5 10 15 20 25 31 5 10 15 20 25 28 5 10 15 20 25 31 5 10 15 20 25 30 5 10 15 20 25 31 5 10 15 20 25 30
JANUAR
FEBRUAR
MÄRZ
APRIL
MAI
JUNI
GEBURTSTAG

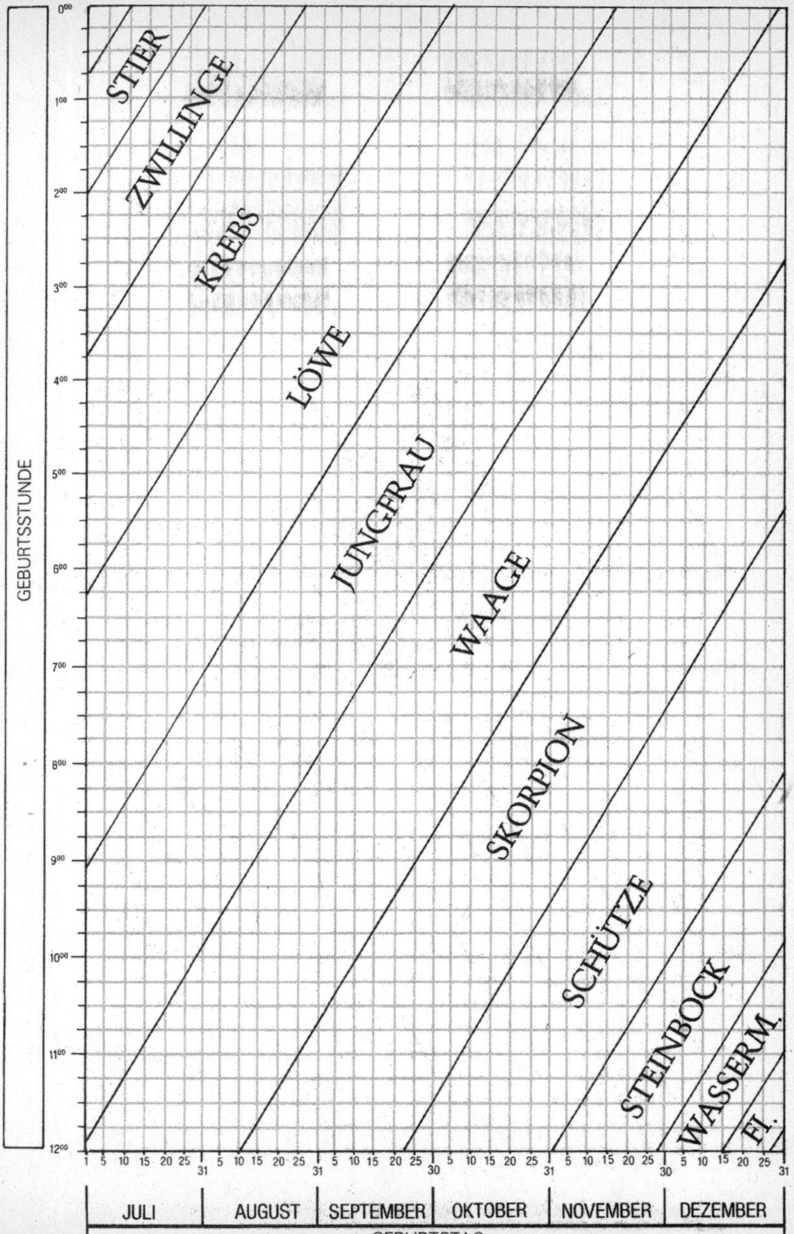
GEBURTSSTUNDE
0⁰⁰
1⁰⁰
2⁰⁰
3⁰⁰
4⁰⁰
5⁰⁰
6⁰⁰
7⁰⁰
8⁰⁰
9⁰⁰
10⁰⁰
11⁰⁰
12⁰⁰
STIER
ZWILLINGE
KREBS
LÖWE
JUNGFRAU
WAAGE
SKORPION
SCHÜTZE
STEINBOCK
WASSERM.
FI.
JULI
AUGUST
SEPTEMBER
OKTOBER
NOVEMBER
DEZEMBER
GEBURTSTAG

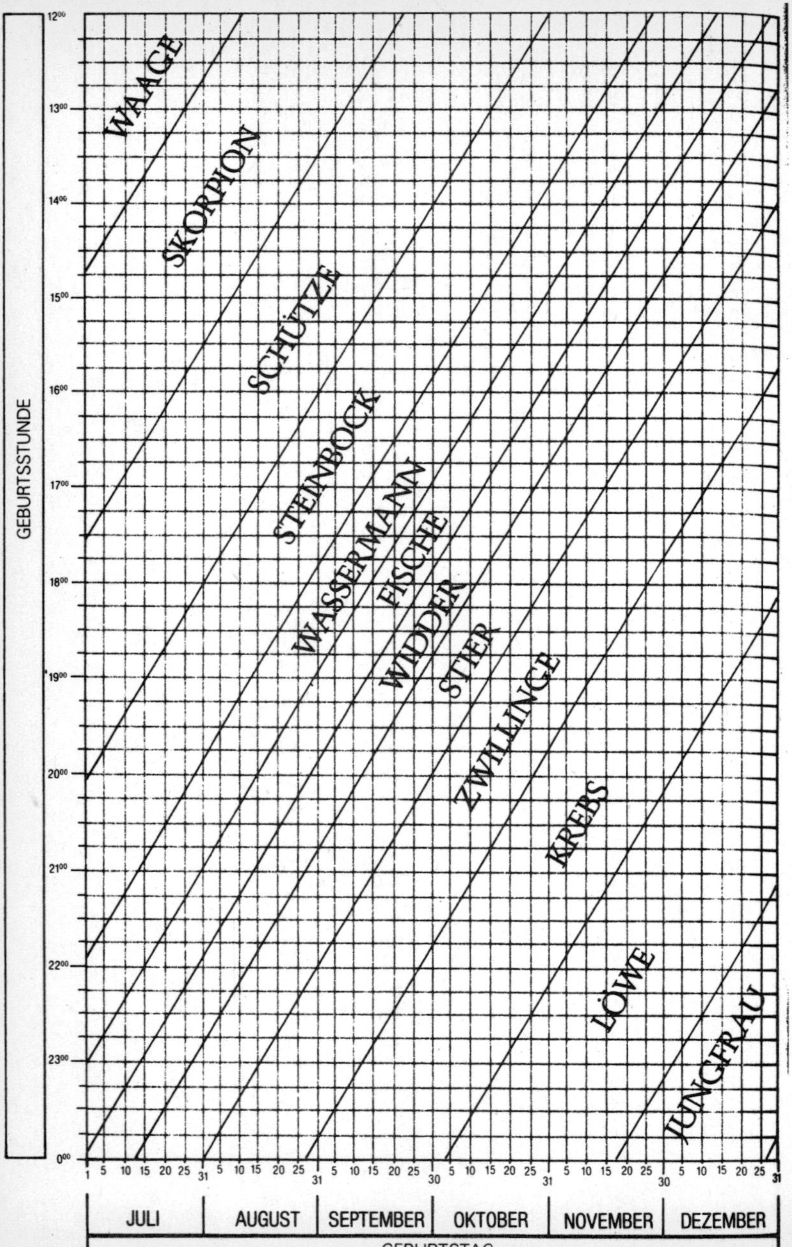
GEBURTSSTUNDE
12⁰⁰
13⁰⁰
14⁰⁰
15⁰⁰
16⁰⁰
17⁰⁰
18⁰⁰
19⁰⁰
20⁰⁰
21⁰⁰
22⁰⁰
23⁰⁰
0⁰⁰
WAAGE
SKORPION
SCHÜTZE
STEINBOCK
WASSERMANN
FISCHE
WIDDER
STIER
ZWILLINGE
KREBS
LÖWE
JUNGFRAU
JULI
AUGUST
SEPTEMBER
OKTOBER
NOVEMBER
DEZEMBER
GEBURTSTAG